Nord licht

skandinavisch wohnen

Titel der dänischen Originalausgabe:

Dorrit Elmquist
Birgitta Wolfgang
NORDLYS
14 skandinaviske boliger

© Forlaget Soren Fogtdal 2001,
     Dorrit Elmquist und Birgitta Wolfgang

ISBN 87-617-3137-4

Die Deutsche Bibliothek - CIP-Einheitsaufnahme

Nordlicht : skandinavisch wohnen / Dorrit Elmquist ; Birgitta Wolfgang.
Aus dem Dän. übertr. von Frauke Watson.- Herford : Busse Seewald, 2002
(Lifestyle)
Einheitssacht.: Nordlys <dt.>
ISBN 3-512-03252-4

Deutsche Ausgabe:
© Verlag BusseSeewald GmbH, Herford 2002
Übersetzung: Frauke Watson, F-Callian
Satz: Ellmer GmbH, Bad Salzuflen
gedruckt in Dänemark

ISBN 3-512-03252-4

Dorrit Elmquist
Birgitta Wolfgang

Nordlicht

skandinavisch wohnen

aus dem Dänischen übertragen
von Frauke Watson

Inhalt

Vorwort 7

Frühjahr 9

Wohlfühlen mit Traditionen 10

Ein großes Haus 24

Romantischer Minimalismus 34

Sommer 45

Die Familie auf der Landzunge 46

Ein Haus in Roskilde 60

Ein offenes Haus 76

Mit Blick aufs Wasser 84

Herbst 99

Die grosse Verwandlung 100

Ein Hof in Schweden 110

Leben in Kopenhagen 120

Das Schrebergartenhaus 130

Winter 141

Das Blockhaus 142

Poetischer Advent 150

Winterlicht 160

Danksagung 169

Notizen 170

Verzeichnis der Rezepte 174

Vorwort

Es begann eigentlich alles in den Jahren, als ich in San Francisco lebte. Wie es so oft geschieht, wenn man sich aus der gewohnten Umgebung entfernt, öffnet sich auf einmal der Blick für das, was man zurückgelassen hat. Und dort an der schönen amerikanischen Westküste wurde mir wahrscheinlich zum ersten Mal klar, dass der skandinavische Lebens- und Einrichtungsstil in all seiner Vielfältigkeit doch seinen ganz eigenen Charakter hat.

Im Ausland sind wir seit der Mitte des 19. Jahrhunderts für die strengen und doch schönen Linien unseres Design bekannt. Doch auch die hellen, freundlichen Häuser der Gegenwart sind sehr charakteristisch, egal, ob wir uns darin mit nostalgischen Elementen umgeben oder eher modern einrichten. Unsere Farbwahl ist geprägt von kühlen, hellen Schattierungen von Blau und Grau sowie der ganzen Pastellpalette. Bei der Materialauswahl greifen wir immer wieder auf eine der Hauptressourcen hier im Norden zurück: Holz.

Ein Stil entwickelt sich stets aus dem Zusammenspiel von Geist und Materie, sowohl im Norden wie überall sonst auf der Welt. Will man jedoch den skandinavischen Stil definieren, dann denke ich, dass unsere stärkste Inspiration stets das Licht gewesen ist. Das – und dann unser Sinn für Praktisches und Raumempfinden, und unser Sinn für Traditionen, Familie und geselligem Zusammensitzen.

Während der Arbeit an NORDLICHT waren wir zu Gast bei mehreren Familien, die sich allesamt in unserem hellen, skandinavischen Stil eingerichtet haben. Dies Buch ist ein sehr persönliches Bilderbuch, das von unserer Art des Wohnens erzählt, und, wie wir hoffen, zu eigenen Ideen inspiriert. Um dieses spezielle nordische Licht, mit dem wir drinnen und draußen umgeben sind, besonders zur Geltung zu bringen, wurden alle Wohnungen bei Tageslicht fotografiert und zudem nach Jahreszeiten angeordnet.

Die wunderschönen Aufnahmen stammen von meiner besten Freundin, der Fotografin Birgitta Wolfgang, und damit ging für uns der lang gehegte Traum von einem gemeinsamen Projekt in Erfüllung. So haben sowohl die Idee für das Buch und ein großer Teil der Verwirklichung in den späten Abendstunden am Küchentisch daheim Gestalt angenommen.

Viel Vergnügen!
Dorrit Elmquist

Frühling

Das Frühjahr ist eine Zeit der Veränderungen. Überall regt es sich in der Natur, die Sinne erwachen, und es dreht sich einem der Kopf. Alles beginnt, wieder einmal, von Neuem. Die Tage werden allmählich länger, und mit dem Licht kommt die Erwartung. Überschäumende Lebensfreude ergreift uns.

Die neugewonnene Energie muss umgesetzt werden. Skandinavische Frühjahrsstimmung äußert sich in einer gewaltigen Aktivität drinnen und draußen. Türen und Fenster werden geöffnet und das Haus einer kritischen Prüfung unterzogen – es wird mit Licht durchflutet und umgestaltet. Dabei muss es sich gar nicht um große Veränderungen handeln – oft liegt die Inspiration in den kleinen Dingen des täglichen Lebens.

Neben den Brüdern wohnen hier nun auch die Ehefrauen und Partner, und inzwischen ist mit den Kindern auch eine neue Generation hinzugekommen. Die Brüder haben das Haus unter sich in drei Wohnbereiche aufgeteilt: Obergeschoss, Parterre samt Kellergeschoss und Anbau. Wir besuchten die Familie, die im unteren Teil des Hauptgebäudes wohnt.

Mit so vielen Erwachsenen und Kindern ist das Haus meistens vom Boden bis zum Dach mit Leben und Aktivität erfüllt. Doch es gibt hier auch stille Räume und Ecken zur Konzentration und Sammlung. Denn gerade dieses Bedürfnis, sich still zurückzuziehen, wird in diesem Haus sehr respektiert, da fast alle Bewohner kreativ tätig sind: Henrik ist Komponist, Risse Bildhauerin, und auch Carl-Johan, Alex und Antonie haben ihre eigenen Interessen, denen sie gerne ungestört nachgehen.

Der Einrichtungsstil ist eine romantische und scheinbar zufällige Mischung aus Erbstücken, Antiquitäten, Flohmarktfunden und Geschenken, die alle ihre ganz persönliche Geschichte haben. Hier wird nicht viel Energie in eine durchgeplante Einrichtung gesteckt; in dem Maße, wie sich die Bedürfnisse verändern, wird auch die Wohnung umgebaut — und so viel wie möglich davon in Eigenarbeit. Dieser saloppe, entspannte Stil, in dem die alten Dinge ihre durch langen Gebrauch erworbene Patina behalten dürfen, ist in den letzten Jahren auch allgemein zum Einrichtungstrend geworden. Doch Risse ist damit aufgewachsen, denn so hatte man sich bereits im Elternhaus eingerichtet. Hier im Haus ist dieser Stil ganz einfach der natürliche Ausdruck eines Lebensgefühls.

Wohlfühlen mit Traditionen

Stolz ragt das große weiße Haus über dem Meer empor.

Es vereinigt eine ganze Sippe unter seinem Dach, denn

hier wohnen drei Brüder mit ihren Familien.

Jenseits des Gartens liegt das Meer. Auf dem Fensterbrett stehen alte Schokoladenformen aus Glas. Die Vase ist ein Erbstück; die Erinnerung an einen lieben Freund.

Die schönen Servierplatten sind allesamt Erbstücke von den Groß- und Urgroßeltern. Der Tisch und das Tellerregal wurden auf einer Sotheby's-Auktion auf Schloss Ålholm erworben.

Ursprünglich befand sich hier das Wohnzimmer – heute dient der Raum als kombinierte Küche und Esszimmer. Bei drei Kindern und einem großen Freundeskreis brauchte die Familie einen großen Raum, in dem man viele Dinge gleichzeitig machen kann. Die nackten, verspachtelten Wände sollten eigentlich einmal hell gestrichen werden. Dazu musste man allerdings die ehemals dunkelgrüne Farbe der Wände völlig entfernen. Doch die Zeit verging, und am Ende war die Familie sich einig, dass der jetzige Zustand der Wände seinen ganz eigenen Charme hat, der eigentlich sehr gut in die Küche passt.

Alle Küchenfunktionen wurden an einer Längswand zusammengefasst. Die imposamte Abschirmung über dem Herd soll einen offenen Kamin vortäuschen und versteckt die Dunstabzugshaube. Die Blumengirlande ist die Arbeit eines Stukkateurs.

Die Schranktüren stammen aus einer alten Küche, und die Schränke und alle anderen Holzteile in der Küche erhielten einen hellen Lackanstrich.

Der Arbeitstisch unter dem Vitrinenschrank stammt aus einer Schreinerwerkstatt. Zu Weihnachten wird er von der Wand gerückt und dient als Backtisch. Auch der alte Fleischwolf hat dann für die Herstellung von Vanillekringeln hier seinen festen Platz.

Henrik ist ein begeisterter Sportangler, und in seine Reusen verirren sich stets auch ein paar Taschenkrebse. Im Sommer fangen die Kinder auch gerne Taschenkrebse am Strand. So ist diese leckere Suppe natürlich die Spezialität des Hauses.

Krebssuppe

Die lebenden Krebse in kochendes Wasser geben und, so wie sie sich rot färben, wieder herausheben. Auf einem Schneidebrett mit einem scharfen Messer den Panzer zweimal einschneiden. Das Wurzelgemüse, die Schalotten und den Knoblauch hacken und in einem Topf mit einem guten Klacks Butter blanchieren. Die Krebse dazugeben und mit Weißwein und Wasser aufgießen. Mit Salz und Pfeffer abschmecken. Das Ganze ca. 20 Minuten zugedeckt ziehen lassen (wenn die Krebse länger kochen, entwickeln sie leicht einen unangenehmen Geschmack).

Die Mischung vom Herd nehmen, abseihen und wieder in den Topf geben. Ohne Deckel etwas weiterziehen lassen, dann mit Schlagsahne und Cayennepfeffer abschmecken.

Mit frischem Brot servieren.

Ca. 30 kleine Taschenkrebse (oder Flusskrebse)

½ Sellerieknolle

2 weiße Rüben

1 Petersilienwurzel

3-4 Schalotten

2 Knoblauchzehen

¾ Flasche trockenen Weißwein

½ l Wasser

Cayennepfeffer

Salz und Pfeffer

Butter

Schlagsahne

(Ergibt 6 Portionen)

Es gibt hier nicht viele neue Sachen, doch all die Erb- und Fundstücke fügen sich ganz natürlich in dieses entspannte Zuhause ein. Im Wohnzimmer ist genug Platz für die Spielsachen der Kinder. Das Schaukelpferd unter dem Beistelltisch ist ein moderner Klassiker – es wurde in den 1950er-Jahren von dem dänischen Designer Kay Bojesen entworfen.

Das zentral gelegene Wohnzimmer ist ganz zwanglos eingerichtet mit Erbstücken, Flohmarktfunden und Möbeln, die es gut vertragen können, ständig in Gebrauch zu sein. Durch die freistehende Anordnung des Mobiliars hat man viel Bewegungsfreiheit und ungehinderten Durchgang in die umliegenden Räume. Der alte schwedische Kachelofen braucht fünf bis sechs Stunden, um warm zu werden, doch dann heizt er die Wohnung mit der gespeicherten Wärme den ganzen Tag über.

Der Konsolentisch mit den
geschwungenen Beinen stammt
von einem Antikmarkt. Darauf
steht der Gipsabguß einer Büste
von Henry Luckow-Nielsen. Die
Heizungen des Hauses haben
noch die ursprüngliche klassi-
zistische Verkleidung. Ganz
unten: eine Büste des Sohnes
Carl-Johann als Fünfjähriger.

Nicht selten findet man alte
Lampen auf dem Flohmarkt
oder Sperrmüll. Aus einem
langen Papierstreifen kann
man dafür leicht selbst einen
Lampenschirm falten. Entlang
der Oberkante eine Lochreihe
einstanzen und ein dekora-
tives Band durchziehen –
fertig.

In einer ruhigen Ecke des Wohnzimmers befindet sich ein gut
beleuchteter Arbeitsplatz. Im
Augenblick fungiert der Tisch
eher als Ablage für Bücher und
Notizen, doch normalerweise
arbeitet Risse hier an den
Skizzen für ihre Skulpturen.
Das Atelier selbst befindet sich
im Kellergeschoss.

Antonies verträumtes Kinderzim-
mer ist von einem Bilderbuch
inspiriert, das sie sich als kleines
Mädchen gerne vorlesen ließ.
Das Mädchen in dem Buch hatte
genau so ein Zimmer. In dem
Einbauschrank aus Profilbrettern
ist neben jeder Menge Stauraum
auch Platz für eine Bügelstation.
Als Blickfang wurde ein kleines
Guckloch in die Küche freigelassen.

Tapeten sind wieder ganz
groß im Kommen. Auch viele
klassische Muster werden
heute wieder neu aufgelegt.
Hier im Schlafzimmer hat
man sich für einen ruhigen,
nostalgischen Blumendruck
entschieden.

Ein richtiges Familienbett! Da
sich ständig mindestens ein Kind
mit im Bett befindet, zogen die
Eltern die Konsequenzen und
erweiterten die Schlafstatt,
sodass alle darin Platz haben.
In einem selbstgebauten Rahmen
liegen drei große Matratzen, und
als Kopfteil dient eine alte
Heizungsverkleidung. Die Betten
sind stets mit antikem Leinen
bezogen – es gibt einfach nichts
Besseres!

Im Garten, der von allen Familien gemeinsam genutzt wird, herrscht eine rustikale, ländliche Idylle. Die Hühner werden jeden Tag hinausgelassen, und überall steht das am meisten verwendete Gartengerät herum. Am Schuppen hängt eine dekorative Sammlung von alten Zinkwannen. Hier kümmert sich Henrik auch um seine Fischreusen, die die ganze Angelsaison hindurch in Gebrauch sind.

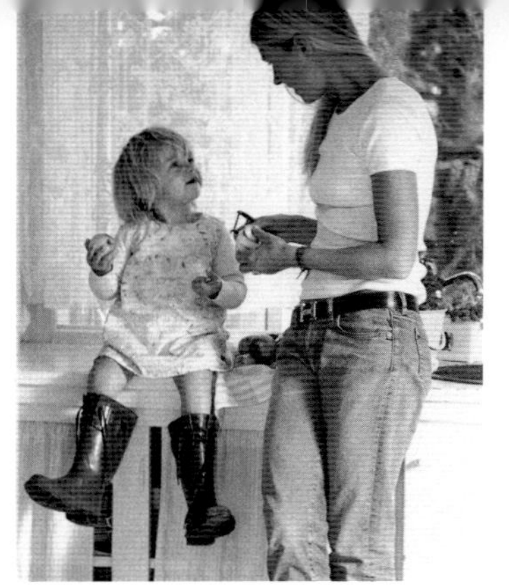

Als Louise und Lars das rotverputzte, aus dem 19. Jahrhundert stammende Haus sahen, verliebten sie sich augenblicklich darin. Sie kauften es sofort, doch es sollte ein Jahr vergehen, ehe die Familie dort einziehen konnte, denn zunächst musste das Haus ein wenig repariert und gestrichen werden. Mit den eigentlichen Renovierungsarbeiten musste man jedoch warten, denn als das Paar hier einzog, war Söhnchen Vitus noch ganz klein, und schon ziemlich bald darauf wurde Brüderchen Gulliver und später Schwesterchen Bille geboren. Nun ist das Haus voll!

Platz genug ist vorhanden, mit drei Etagen und einem großen Keller. Im Erdgeschoss befindet sich der Familienwohnbereich, im ersten Stock die Schlafzimmer, und im Obergeschoss die Büros der Eltern.

Der Garten steht voll von alten Obstbäumen und Rosensträuchern, und das macht ihn zu einem idealen Tummelplatz für die Kinder und deren Spielkameraden. Auch zwei schöne Terrassen gehören zum Haus, und diese sind vom frühesten Frühjahr an, wenn die Sonne alle nach draußen lockt, fleißig in Gebrauch.

Drinnen ist es verhältnismäßig spartanisch eingerichtet. Vor allem anderen liegt der Schwerpunkt auf der Zweckmäßigkeit von Mobiliar und Gebrauchsgegenständen. Der Stil ist eine spannende und amüsante Mischung aus Romantik, Pastelltönen, Kitsch und Plastik mit gelegentlichen, raueren Akzenten von maskulinem Schwarz. Im Großen und Ganzen fühlt man sich hier an die Studentenbuden unser Generation erinnert: gemütlich, witzig und funktionell. Und sehr persönlich.

Ein großes Haus

Dies ist ein etwas schräges Haus. Ein richtiges Pippi-

Langstrumpf-Haus. Hier ist reichlich Platz für Menschen,

Dinge und Gedanken – geräumig in jeder Hinsicht.

Praktische Möbel, Plastik und Pastellfarben sind durchgehende Einrichtungselemente im ganzen Haus. Hier in dem großen, lichtdurchfluteten Esszimmer ist das schlicht gehaltene Mobiliar auf den Essplatz mit dem langen Tisch als Mittelpunkt konzentriert. Der altmodische Hochstuhl ist ein Klassiker, der in den 1960er-Jahren in allen dänischen Familien zu finden war. Man kann ihn mit einem Handgriff in einen niedrigen Stuhl mit angebautem Spieltisch verwandeln.

Der Fußboden ist mit Korkplatten ausgelegt – das ist praktisch und schafft zugleich eine behagliche Atmosphäre.

Auf dem Tisch liegt immer ein Wachstuch, das ist praktisch und kinderfreundlich. Überall im Haus verteilt hängen und stehen die kleinen Kreationen der Kinder.

Die Küche ist in erster Linie praktisch eingerichtet, mit viel Schrankraum und Arbeitsfläche. Schränke und Tische sind mit cremefarbener Lackfarbe gestrichen, und die Schubladen haben noch immer die alten Stahlgriffe. Louise ist eine eifrige Sammlerin von schönen Blechdosen und Haushaltsgeräten aus Plastik und Melamin. Viele ihrer schönsten Funde stammen aus Supermärkten im Ausland und vom Eisenwarenhandel. Eine Auswahl der Sammlung befindet sich im täglichen Gebrauch oder dient zur Aufbewahrung von Lebensmitteln.

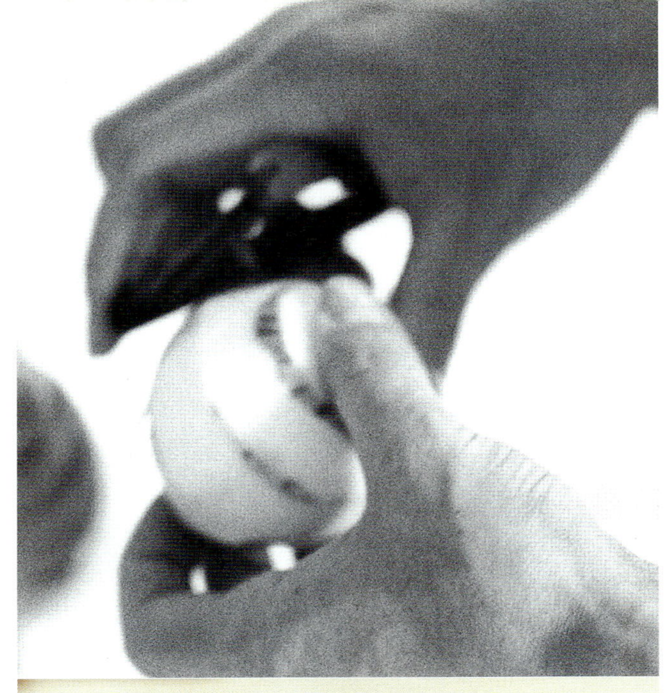

Apfelmus

Äpfel und Wasser aufkochen lassen, dann auf niedriger Kochstufe etwa 15-20 Minuten gar ziehen lassen. Mit einer Gabel oder einem Löffel zu Mus verarbeiten und Honig, Zimt und Zitronenschale unterrühren.

Warm oder kalt zu kleinen, dicken Pfannkuchen servieren.

12 Äpfel (gern Kochäpfel), geschält und in Stücke zerteilt
ca. 100 ml Wasser
1 Tl Honig
1 Tl Zimt
etwas abgeriebene Schale einer unbehandelten Zitrone

Sonntagspfannkuchen

Mehl, Salz, Zucker und Backpulver in eine Schüssel sieben. Eier, Milch und zerlassene Butter zugeben und alles vorsichtig verrühren. Einen Esslöffel Öl in einer gusseisernen Pfanne erhitzen, etwas Pfannkuchenteig hineingeben und von jeder Seite 3 Minuten backen. Jeweils vier kleine Pfannkuchen auf einmal machen.

300 g Weizenmehl
1 Tl Salz
1 El Zucker
2 Tl Backpulver
2 leicht verquirlte Eier
400 ml Milch
2 El zerlassene Butter
2 El Speiseöl
125 g Butter
(Ergibt 6 Portionen)

Zur Aufbewahrug von Krimskrams
dienen alte Archivkästen. Sie
sind zu mehreren übereinander
gestapelt, so dass sie selbst eine
Art Möbelstück bilden.
Die Poul-Henningsen-Lampe
ist ein Erbstück.

Tipp

**Es ist gar nicht kompliziert,
Möbel im Ausland zu be-
stellen, denn viele große
Möbelgeschäfte und Ein-
richtungshäuser haben eine
Versandabteilung, die den
Transport organisieren kann.**

Viele Möbelstücke hat das Ehepaar in England gekauft, z. B.
das große schwarze Chesterfield-
Ledersofa. Es steht wie ein
Monument im Wohnzimmer und
bildet einen scharfen Kontrast zu
den rundum verteilten Sitzkissen
mit romantischem Blumendruck
und dem weiß gestrichenen
Sofatisch.
Das kleine Bild mit dem Rosen-
motiv, eine alte Malvorlage aus
Den Kongelige Porcelainsfabrik,
ist ein Fund aus einem
Antiquariat.

Das frisch renovierte Badezimmer
hat zartrosa Fliesen. Die
Badewanne wurde in England
gekauft und erhielt eine weiß
bemalte Holzverkleidung.
Daneben ist eine Bank mit
Klappdeckel angebracht, die
praktischen Stauraum für z. B.
Handtücher bietet. Große, weiche
Sitzkissen machen daraus einen
schönen Sitzplatz für die Kleinen.

In einem der großen Zimmer im
ersten Stock befindet sich Gulli-
vers Reich. In dem hellen Zimmer
ist viel Platz für Spielkameraden,
und der Fußboden ist ständig in
Gebrauch. Vater Lars hat die
große Fantasielandschaft zusammen mit einem Freund selbst
gebaut, und hier spielen die
Jungen stundenlang mit Spiel-
zeugsoldaten, Dinosauriern,
Dschungeltieren und Playmobil.

Heute haben die Schwestern es unter sich aufgeteilt, so dass sich jede in ihre eigene Etage zurück ziehen kann. Obwohl das Haus den Umständen entsprechend in gutem Zustand war, als die Mädchen es als Erwachsene übernahmen, bedurfte es dennoch einiger Umbauarbeiten, bevor sie mit ihren Familien hier einrücken konnten. Zuerst wurde es von außen gründlich renoviert, und dann machte man sich behutsam drinnen ans Werk, denn man wollte den ursprünglichen Charakter des Hauses nicht zu sehr verändern. Küche und Bad blieben im Originalstil der 1930er-Jahre erhalten, und die restlichen Räume wurden vom Boden bis zur Decke überholt, neu tapeziert und gestrichen.

Die Einrichtung ist verhältnismäßig schlicht und funktionell gehalten – mit einem romantischen Einschlag. Die Familien haben Verbindungen nach Schweden, und so hat man sich vom klassischen gustavianischen Stil inspirieren lassen in einer modernen Interpretation. Die wenigen neuen Möbel sind wohlüberlegte Investitionskäufe; vieles kommt von IKEA – anderes vom Flohmarkt oder vom Antiquitätenhändler. Gewöhnlich wird jedes Möbelstück einer Verwandlung unterzogen, bevor es an seinen Platz kommt.

Im Keller befindet sich eine gemeinsam benutzte Werkstatt, wo der Pinsel fleißig geschwungen wird, denn die gesamte Einrichtung, alt und neu, ist durch einen Anstrich in hellen nordischen Farbtönen harmonisiert worden.

Auch im täglichen Leben haben Katja und Morten mit Design und Einrichtung zu tun, und Katja verfügt über ein sicheres Auge für Muster und Trends, sowohl in der Mode als auch im Wohnungsdesign. Ihr eigenes Heim ist ein Musterbeispiel für eine konsequent durchgeführte, persönliche und sehr poetische Einrichtung. In einem Stil, auf dem man leicht aufbauen kann, und der sich ebenso leicht im Laufe der Zeit abwandeln lässt.

Romantischer Minimalismus

Das alte Vorstadthaus im funktionalen Stil hatte ursprünglich

Katjas Urgroßmutter gehört, doch schon als Fünfzehnjährige

erbte sie es zusammen mit ihrer Schwester.

Die Küche (vorhergehende Seite) ist noch im ursprünglichen funktionalen Stil der 1930er-Jahre erhalten. Die Einbauelemente und Handgriffe waren damals sehr populär – sie wurden von dem schwedischen Industriedesigner Prinz Sigvard Bernadotte entworfen. Das Esszimmer ist funktionell und schlicht eingerichtet; jedes Möbelstück wurde mit Bedacht ausgewählt und auf die Bedürfnisse der Familie und der Kinder Louis und Flora abgestimmt. Stühle und Tisch wurden unbehandelt bei IKEA gekauft und mit einem hochglänzenden Lackanstrich versehen. Die Tischbeine sind vanillegelb und die Tischplatte blütenweiß - ein praktischer Ersatz für das weiße Tischtuch. Die Stühle glänzen in einem typisch gustavianischen Perlgrau. Wenn sich die Lust auf andere Farben meldet, können die Sitzkissen jederzeit ausgetauscht werden. Der Konsoltisch ist ein altes Stück und hat im Laufe seines Lebens schon die verschiedensten Farben gehabt. Nun ist er hell lackiert und dient als praktische Anrichte.

Mit kleinen Kindern ist immer etwas los; ihre Wünsche und Bedürfnisse prägen das Familienleben und damit die Wohnung. Sehr beliebt bei den Kindern ist der alte dänische Frühlingsbrauch, anonyme Scherzbriefe mit einem Schneeglöckchen darin zu verschenken. Auch solche Ostereier, die man sehr schön mit Namenszügen in Zuckerglasur verzieren kann, sind immer ein großer Erfolg.

Zimtstange

Die Hefe in lauwarmem Wasser verrühren, Eier und Milch zugeben. Das Mehl in eine Schüssel sieben und die Butter hinein bröseln. Hefemischung und Zucker zugeben und alles vermischen. Etwa 1 Stunde gehen lassen, bis der Teig sich verdoppelt hat. Auf einer mit Mehl bestäubten Unterlage ausrollen. In einer Schale Zucker, Zimt und evtl. Rosinen mischen. Die Mischung in einer gerade Linie in die Mitte der Teigplatte streuen und leicht andrücken. Durch mehrmaliges Zusammenfalten zu einer ovalen Stange formen.

Auf einem mit Backpapier ausgelegten Kuchenblech weitere 20 Minuten gehen lassen. Mit verquirltem Ei einpinseln und 15-20 Minuten bei 225°C backen. Vor dem Servieren abkühlen lassen.

25 g Hefe

1 El lauwarmes Wasser

1 Ei

100 ml Milch

500 g Mehl

150 g Butter

1 El Zucker

Füllung:

4 El Zucker

2El Zimt

evtl. 100 g Rosinen

Zum Einpinseln:

verquirltes Ei

(ergibt ca. 16 Scheiben)

Der Tisch mit den eigenartigen Beinen ist ein Fund aus dem Müllcontainer und wurde so gelassen, wie er war. Neben dem Portrait der Urgroßmutter und einer Radierung von Peter Rössel steht immer ein Strauß frischer Blumen.

Das Wohnzimmer ist direkt mit dem Esszimmer verbunden. Durch den schönen gewölbten Wanddurchbruch kommt von mehreren Seiten Tageslicht in die beiden Räume. Auch hier ist die Möblierung schlicht, hell und funktionell.
Das bequeme, klassische Søren-Lund-Sofa hat einen abnehmbaren Baumwollbezug. Der geblümte Lehnsessel mit dem Rücken zum Betrachter belebt die sonst eher monochrome Einrichtung. Er ist ein Containerfund, den Morten neu bezogen hat. Unter dem Fenster steht ein Lehnsessel mit zugehörigem Fußteil von IKEA; auch die Stehlampe stammt von dort. Wer es sich richtig gemütlich machen will, findet auf dem kleinen Beistelltisch neben dem Sofa einen ganzen Stapel von Kissen griffbereit.

Im Wohnzimmer herrscht viel Bewegungsfreiheit, und Flora fährt hier gern mit ihrem kleinen roten Puppenwagen spazieren. Der Sofatisch ist eigentlich ein Gartenmöbel, das sich drinnen genausogut macht.

Die Glasscheibe in der Tür ist
mit einem modernen Küchen-
handtuch verhängt, das aussieht
wie ein antikes handgesticktes
Namenstuch.

Das Jungenzimmer ist vom gustavianischen Stil inspiriert, doch in einer modernen Interpretation. Die ursprünglich mahagonifarben gebeizten Einbauschränke bekamen einen sanften cremefarbenen Anstrich. Am Türknauf hängt der kleine schwarze Sambo – eine beliebte Figur aus einem alten Kinder-buch. Die Tapete stammt aus der Kinderkollektion der englischen Designerin Cath Kidston. Das Kinderbett aus dem Jahre 1914 glänzt in einem neuen Anstrich. Die Krone in Schablonenmalerei am Kopfende hat der Vater extra für Louis entworfen; das Motiv taucht u. a. auch auf den Rollos (nicht im Bild) wieder auf. Das Bettzeug stammt aus Mutters Laden. Aus den 1950er-Jahren stammt die Sandmännchen-Deckenlampe; das Schaukelpferd ist etwas neueren Datums. Das Zimmer wurde mit Teppichboden ausgelegt – das ist praktischer, solange noch auf dem Fußboden gespielt wird.

Tipp

Tapeten lassen sich gezielt einsetzen. Hier reichen sie nicht ganz bis zur Decke – dadurch werden die Proportionen des Zimmers besser hervorgehoben.

Flora in ihrem Feenreich. An der Hakenleiste im Mädchenzimmer machen sich der Tüllrock und die Maikrone der schwedischen Großmutter sehr hübsch neben den karierten Stoffbeuteln für allerlei Krimskrams.

Ostereier lassen sich leicht marmorieren, und das unregelmäßige Muster ist sehr dekorativ. Legen Sie dafür z. B. grüne Blätter, Zwiebelschalen, farbiges Seidenpapier oder andere färbende Materialien um die Eier, wickeln diese zuerst in feuchtes Küchenpapier, dann in Alufolie und kochen die Eier hart.
Wenn Sie die Eier nach dem Abkühlen mit Speiseöl einreiben, werden sie schön blank.

In Schweden schmückt man das Haus zu Ostern drinnen und draußen mit Birkenreisern und dünnen Zweigen mit farbigen Federn. Hier wurden sie zu einem herzförmigen Kranz gebunden und mit weißen Federn verziert.

Sommer

Der Sommer in Skandinavien ist leider allzu kurz. Dafür sind jedoch die Tage unendlich lang; es ist, als ob uns das Licht niemals ganz verlässt.

Und wie wir dieses Licht lieben – und es in vollen Zügen genießen. So bald es irgend geht, rücken wir aus in den Park, ins Straßencafé, an den Strand und in den Garten, ins Sommerhaus oder in den Schrebergarten. Überall kommen die Menschen in kleinen und großen Gruppen zusammen, und die Gastfreundschaft kennt keine Grenzen. Man nimmt es mit den Regeln und den Schlafenszeiten nicht mehr so genau, und so ist oft bis in die späte Nacht hinein Kindergelächter zu hören.

Durch Terrassen und Gärten werden viele Häuser plötzlich mehrere Quadratmeter größer, und man richtet in jeder verfügbaren, windgeschützten und sonnigen Ecke Sitzplätze ein. Mit Düften, Licht und schönen Dingen bereiten wir uns einen Platz, um all die vielen Sinneseindrücke und die Leichtigkeit des Sommers ganz in uns aufzunehmen. Selbst an Regentagen nehmen wir die Energie des Lichtes mit zu uns herein, lassen die Tür angelehnt – und freuen uns des Lebens.

Hier, am Ende des Pfades, liegt die alte Jagdhütte von Schloss Lerchenborg. Rotgestrichen und mit kleinen Sprossenfenstern liegt sie inmitten der schönsten Landschaft von Wäldern, Wiesen und Meer. Die Jagdhütte wurde 1920 gebaut und lag damals näher am Schloss, doch in den 1950er-Jahren wurde sie hier auf die Landzunge verlegt. Dabei wurden dem Gebäude noch zwei Flügel angefügt, und eine Zeitlang diente es als Sommerlager für Kinder.

Camilla und Nono sind beide Grafiker. Seit langem träumten sie davon, Familien- und Arbeitsleben unter einem Dach vereinen zu können.

Als sie das Haus vor einigen Jahren übernahmen, war es drinnen mit düsteren Farben gestrichen und stark vernachlässigt worden. Etliche Einbauschränke wurden herausgerissen, um mehr Platz und Bewegungsfreiheit zu erhalten, und unter dem alten Linoleum im Wohnzimmer kam ein schöner Holzfußboden zum Vorschein. Dann machte man sich daran, das Licht ins Haus zu holen: Wände, Fußböden, Decken und Schränke wurden weiß oder in ganz hellen Farben gestrichen – und auf einmal stand das einst so düstere Haus hell und offen da, und helles Tageslicht erfüllte die großen, offenen Räume, deren Einrichtung das ganze Jahr über die umgebende Natur widerspiegelt.

Heute macht sich in dem Haus auf der Landzunge eine aktive und kreative Familie breit. Ihr Mobiliar ist eine herrliche Mischung aus schönen und schrägen Flohmarkt-, Trödler- und Kramladenfunden, die sich oft noch im ursprünglichen Zustand befinden. Doch hier ist auch Platz für alte Erbstücke und ein paar praktische IKEA-Möbel, und im Winter werden auch die Gartenmöbel hereingeholt und in das übrige Mobiliar eingegliedert.

Draußen auf den Terrassen und auf dem Hofplatz blühen Rosen aus aller Welt und verbreiten die schönsten Düfte über diesen abenteuerlichen Ort.

Die Familie auf der Landzunge

Der Weg bis zum Haus ist lang, und leicht denkt man, dass man sich verlaufen hat. Doch plötzlich ist man auf der Lichtung angelangt, wo sich das Leben dieser Familie abspielt.

Die Hängematte ist der Lieblingsplatz der ganzen Familie – es ist gar nicht so einfach, sie einmal ganz für sich allein zu haben.

Rund um das Haus gibt es eine ganze Reihe von Terrassen und kleinen Sitzplätzen. Diese überdachte Terrasse schaut nach Norden über den Fjord und ist besonders schön, wenn die Sonne hoch am Himmel steht – dann ist es hier angenehm kühl, und man hat einen wunderschönen Ausblick über die Landschaft. Die Gartenmöbel wurden gebraucht gekauft und werden je nach Bedarf von Platz zu Platz bewegt. Rosen sind Camillas besondere Leidenschaft, und so befindet sich auf jedem Tisch stets eine schön duftende Rose.

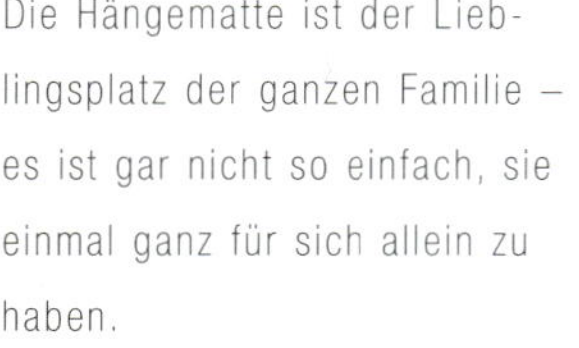

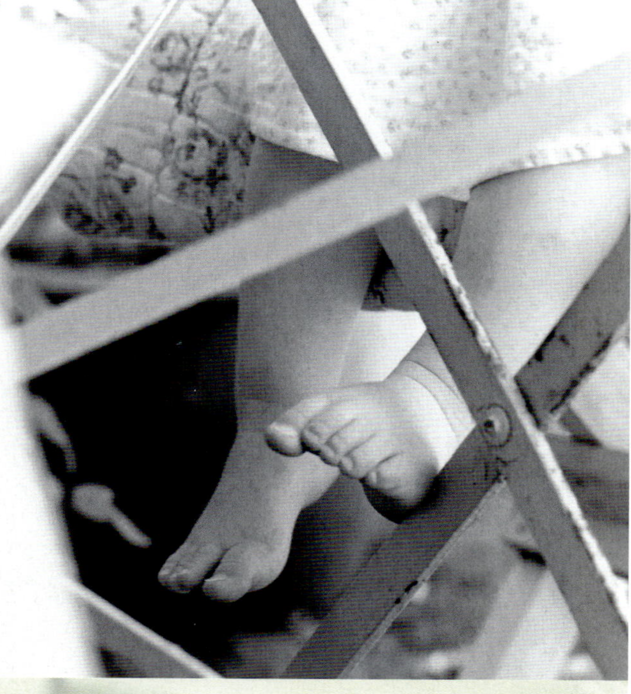

Nonos Sommerdrink

Alle Zutaten mischen und gekühlt mit Eiswürfeln servieren.

750 ml Ginger Ale (Schweppes)
250 ml Wasser
evtl. ein Spritzer Holunderblütensaft oder Cidre
Salatgurkenstäbchen zum Garnieren

Tipp

Schön für Sommerdrinks: Fliederblüten oder andere essbare Blüten vor dem Einfrieren mit in die Eiswürfelbehälter geben.

Ein einziger großer Raum im Herzen des Hauses dient zugleich als Wohn- und Esszimmer. Trotz der überdachten Veranda fällt viel Tageslicht in den stilvollen Raum. Der große dunkle Tisch und die Stühle sind geliebte Erbstücke, die ursprünglich in einem Konferenzraum standen. Hier stehen sie in einem spannenden Kontrast zu der hellen Umgebung – und bieten Platz für viele Gäste. Auch die dreiarmigen Kandelaber sind Erbstücke. Camilla liebt nicht nur alte Rosen, sondern sie sammelt auch Plastikblumen aus den 1950er-Jahren. Sie sind in der Esszimmerecke zu einem farbenfrohen Bukett arrangiert und als Girlande um die Gardinenstange gewunden.

In diesem Teil des großen Raumes, wo all die weiß gestrichenen Flächen aufeinander treffen,
ist das Reich von Sigi und Isa
mit all ihren Spielsachen und
ihren eigenen Möbeln.
Das ganze Haus wird von einem
Brennofen im Keller aus geheizt,
und auch der Kamin mit dem
eingebauten Holzfeuerofen wird
fleißig benutzt. Das Gemälde
über dem Kamin stammt von
Balder Olrik.

Das Gipsrelief an der Wand ist
ein Hochzeitsgeschenk. Das Motiv stammt von einer isländischen
Kirchentür aus der Vikingerzeit;
das Original befindet sich in der
Sammlung der Kunstakademie in
Kopenhagen. Überall im Haus
verteilt findet man kleine Stillleben mit Blumen und
Sammlerstücken.

Die Küche ist Nonos Domäne,
doch eine helfende Hand und
nette Gesellschaft ist ihm immer
willkommen.
Es gibt in der geräumigen Küche
vom Boden bis zur Decke reichlich Schrankplatz – diese
Einbauten stammen noch aus der
Zeit, als das Haus ein
Sommerlager für Kinder war. Die
große Kaffemühle wird täglich
benutzt, und die frischgemahle-
nen Bohnen verbreiten einen
köstlichen Duft im ganzen Raum.

Die Küche musste für eine Menge von Farbexperimenten herhalten, bis man sich auf eine Version geeinigt hatte. Während man überall im Haus den Bodenbelag entfernt hatte, musste die Küche doch neu ausgelegt werden. Man entschied sich für diesen praktischen Vinylbelag mit Schachbrettmuster und übernahm schließlich den weißen Farbton des Karos auch für den Rest der Küche, so dass das Ganze nun endlich aussieht wie aus einem Guss.
Die Sitzkissen der schönen alten Lehnstühle sind mit Wachstuch aus der Kollektion der englischen Designerin Cath Kidston bezogen. Das Gemälde an der Wand stammt von Camilla selbst.

Als sich die Familie auf vier Personen vergrößert hatte, machte man sich auf die Suche nach großen, breiten Betten mit genügend Platz für all die kleinen Arme und Beine, die sich nun ständig in das Nachtleben flochten. Bei IKEA wurde man fündig — und dort fand man auch die Mückennetze, die das ganze Sommerhalbjahr über eine Notwendigkeit sind, wenn man nahe am Wald oder am Wasser wohnt. Der Konsoltisch am Fußende fungiert als praktischer Ablageplatz.

Das klassische Holz-Etagenbett
besteht aus zwei Einzelbetten,
deren Beine nach dem Lego-
Prinzip zu einer stabilen Konstruktion aufeinander gesteckt
werden. Wollen die Kinder
nebeneinander schlafen oder
kommen Übernachtungsgäste,
kann man die Betten mit ein paar
einfachen Handgriffen auseinan-
der nehmen.

Viele der Gartenmöbel tun je
nach Jahreszeit oder Bedürfnis
auch drinnen ihren Dienst – das
macht die Einrichtung so mobil.
Zwischen Büchern, Vasen und
Blumen versteckt sich der Gips-
kopf einer namenlosen Person.
Die Büste zieht im ganzen Haus
herum und kann sich einfach
nicht dareinfinden, irgendwo
lange zu bleiben!

Camillas Interesse für Rosen hat
sich zu einer wahren Leidenschaft entwickelt, was sich drinnen und draußen bemerkbar
macht, denn mittlerweile befindet
sich im Haus verteilt eine große
Sammlung spannender Bücher
über dieses Thema. Camilla stu-
diert sie eifrig, macht sich Notizen und entwickelt sich langsam
zur Expertin für ihre Lieblings-
blumen.

Neben dem gemeinsamen Grafikstudio des Paares ist in dem Haus auch noch Platz für eine große Werkstatt für allerlei kreative Schöpfungen. Camilla übt sich gerne in artverwandten Disziplinen, und so wurde hier kürzlich eine festliche Kleiderkollektion genäht. Das Licht aus den großen Fenstern ist fantastisch zum Arbeiten. Den Zeichentisch erhellt eine alte Lampe aus einem Operationssaal. Auf Regalen und in Körben befindet sich eine große (und notwendige) Materialsammlung in Form von Stoff- und Papierrollen. Der alte Eimer ist ein Flohmarktfund und dient zur Aufbewahrung von schön gemustertem Geschenkpapier.

Abgesehen von den grasenden
Kühen auf den Strandwiesen hat
man hier auf der Landzunge den
Sommer ganz für sich allein. Nur
die regelmäßig in der Ferne wie-
derkehrende weiße Silhouette der
Samsøfähre in der Ferne erinnert
an die Zivilisation.

Erbsensuppe

Die Erbsen in der Brühe weichko-
chen. Im Mixer zusammen mit der
Sahne zu einer cremigen
Konsistenz verarbeiten. Mit Salz
und Pfeffer abschmecken.
Den Frühstücksspeck in kleine
Würfel schneiden, in einer Pfanne
knusprig braten und auf einem
Küchentuch abtropfen lassen.
Die Suppe in tiefen Tellern
anrichten und den Speck darü-
berstreuen. Bei Tisch einen
Schuss Champagner zugeben.

**2 kg geschälte Erbsen
(auch gefroren)
400 ml Hühner- oder
Kalbsbrühe
Sahne nach Geschmack
Salz und Pfeffer
4 Scheiben Frühstücksspeck
Champagner
(Ergibt 4 Portionen)**

Kirsten heißt die Frau, die sich hinter der Einrichtung und der Stimmung des Hauses verbirgt – einer Stimmung, die Ruhe und Wohlstand ausstrahlt. Sie wohnt in diesem Haus bereits seit 25 Jahren mit ihrem Mann und den vier Kindern.

Während die Kinder aufwuchsen und sich die Bedürfnisse der Familie veränderten, wechselte auch das Haus oft den Charakter. Kirsten liebt die Veränderung, und im Laufe der Zeit hat sie die Restaurierung von Möbeln und Renovierung und Einrichtung von Wohnungen für andere zu einem richtigen Broterwerb gemacht. Daher geht sie natürlich regelmäßig auf Antikmärkte und Messen, zu Trödlern und auf Flohmärkte – und sie hat ein Gespür für schöne und witzige alte Sachen. Oft findet die Restauration mitten im Wohnzimmer statt, und sie arbeitet eigentlich immer an irgend einem Projekt. Es ist der Prozess selbst, der Kirsten fasziniert, und wenn sie ein interessantes Stück findet, egal ob Möbel oder Nippes, fühlt sie sich nicht selten dazu angeregt, dessen Herstellungstechnik nachzuahmen. Seit ein paar Jahren arbeitet sie mit Tocher Louise zusammen, die in Belgien, England und Japan Schulen für Innenarchitektur besucht hat.

Die Einrichtung in der eigenen Villa ist bereits seit etlichen Jahren stark vom gustavianischen Stil inspiriert – der nordischen Ausgabe des Louis-XVI-Stils. Möbel, Farben und Maltechniken aus dieser Periode prägen das Erscheinungsbild des gesamten Hauses.

Im Sommer zieht die Familie in den blühenden Garten hinaus, der nach alter dänischer Tradition mit Rosen und Stauden angelegt wurde. Hier gibt es eine Menge schöner Sitzplätze, und man findet immer eine Oase der Ruhe zum Arbeiten oder Entspannen.

Ein Haus in Roskilde

Das ehrwürdige alte Kaufmannshaus in einem der ältesten

Stadtviertel hat Stil. Genauer gesagt, gustavianischen Stil,

der den schönen Räumen ausgezeichnet zu Gesicht steht.

Die Küche ist im Großen und
Ganzen in ihrer ursprünglichen
Form erhalten geblieben – länd-
lich und schlicht. Das gesamte
Interieur ist in Weiß- und Cremetönen gehalten, und der Wandan-
strich wurde direkt auf die nackte, verputzte Wand aufgetragen.

Um die helle und luftige
Stimmung zu bewahren, wurde
zugunsten von offenen Regalen
auf Oberschränke verzichtet. Die
Holzregale sind rundum mit einer
Zierleiste verblendet und werden
von schön geschwungenen Trä-
gern gehalten. Unter den Regal-

brettern sind Haken für Tassen
und Becher angebracht.
Das Familiengeschirr besteht aus
Stücken verschiedenen Service,
die für den einheitlichen Gesamteindruck alle in hellen Tönen
gehalten sind.

Tipp

Hier und da im Haus sind die Wände mit dekorativen Stuckreliefs verziert - in der Küche ist es ein Engel. Diese Gipsfiguren gibt es beim Stukkateur, im Antiquitätenhandel oder auch beim Trödler. Auch einige Museumsläden verkaufen solche Gipsreliefs – in  Dänemark z. B. Thorvaldsens Museum in Kopenhagen. Die Reliefs mit einem Spezialkleber an der Wand befestigen und trocknen lassen. Anschließend mit derselben Farbe streichen wie die übrige Wand, damit alles wie aus einem Guss aussieht.

Im Erdgeschoss ist nur noch diese eine Glasdoppeltür übrig geblieben. Alle anderen Verbindungstüren wurden entfernt, um mehr Platz zu schaffen, und nur das Muster auf dem bemalten Fußboden markiert die Übergänge von einem Raum in den anderen. Ursprünglich bestanden die Fußböden aus massivem Eichenparkett. Das diagonale Schachbrettmuster in Weiß und Umbra hat Kirsten mit einer Mischung aus Ölfarbe und Lauge selbst gemalt – eine Meisterleistung in Geduld und Präzision. Zusammen mit den dunklen Wiener Caféhausstühlen bietet der Fußboden einen wunderschönen Kontrast zu dem hellen Interieur.

Es gibt mehrere Essplätze im Haus, damit man essen und arbeiten kann, wo man Lust hat. In diesem Mehrzweckraum, neben der Küche und im Zentrum des Hauses, steht der größte Esstisch. Der Ölfarbanstrich des Esszimmers wurde direkt auf die verputzten Wände aufgetragen. Dabei ließ man rings um die Zimmerkanten schmale Zierleisten frei.

Der Vitrinenschrank ist neu gekauft und war ursprünglich dunkel gebeizt. Er wurde in verschiedenen hellen Farbtönen gestrichen und zum Schluß mit kittfarbener Ölfarbe akzentuiert.

Getrocknete Blumen und Kräuter
sind, sowohl als Dekoration als
auch zum täglichen Gebrauch, in
Küche und Esszimmer zu finden.
Im Wäscheschrank liegen wunderbar duftende Kränzchen aus
Waldmeister. Im Mai blühen die
winzigkleinen, weißen Blüten des
Waldmeisters überall in dänischen und norddeutschen Laub-
wäldern, und es ist ein alter
Brauch, sie zu pflücken und zu
trocknen.

Himbeeressig

Die Himbeeren spülen und abtropfen lassen und auf saubere
Flaschen verteilen. Mit Weißweinessig aufgießen, bis die
Himbeeren bedeckt sind, Flaschen verschließen und mindestens eine Woche stehen lassen.
Der Himbeeressig schmeckt gut
in Salaten, Marinaden und
Saucen.

Reife Himbeeren

Weißweinessig

Echte alte, gestreifte oder geblümte Bettbezüge findet man immer einmal wieder auf Antik- und Flohmärkten. Wenn man sie auftrennt, kann man daraus Polster- und Kissenbezüge nähen. Neue Auflagen der alten Muster gibt es auch als Meterware in vielen Stoffgeschäften zu kaufen.

Das nach Südwesten gerichtete Wohnzimmer mit seinen hellen Wänden und Möbeln ist hell von Tageslicht durchflutet.
Der Kittfarbton der Wänd kam dadurch zustande, dass mehrere Schichten von verschiedenen hellen Farbtönen übereinander auf die nackte Wand aufgetragen wurden. Das gibt einen sehr lebendigen Effekt.
Die großen, schweren Polstermöbel sind Nachbars abgelegte. Sie bekommen in regelmäßigen Abständen neue selbstgenähte Baumwollbezüge, die die notwendige allwöchentliche Wäsche gut vertragen. Das häufige Wechseln ist vor allem nötig, um die verräterischen Spuren von vielen kleinen Hundepfoten zu beseitigen. Antike Steppdecken mit Blumenmuster bringen Farbe ins Bild und liegen bereit, wenn man es sich richtig gemütlich machen will.

In der „schwedischen Stube" wird
gerne zu Abend gegessen, da das
einfallende Abendlicht hier besonders schön ist. Um den antiken schwedischen Klapptisch,
den Kirsten selbst restauriert hat,
steht eine bunte Sammlung von
schwedischen und dänischen
Stühlen. Die schwedische Klappbank an der Fensterwand stammt
aus der Zeit um 1850; sie befindet sich noch im ursprünglichen
Zustand und bekam nur ein Sitzkissen aus Rohleinen dazu. Durch
ihren Beruf konnte Kirsten ein
paar einzigartige Schnäppchen
machen; der imposante Spiegel
z. B. stammt aus einem Schloss
auf Sjælland. Das Eisenkreuz
zwischen den Fenstern wurde mit
einem Kerzenleuchter kombiniert.

Der aus einem Restaurant stammende Schaukasten wurde neu bemalt, patiniert und mit einem Glasbord versehen. Nun stellt er wechselnde Ausstellungen von Kuriositäten und Familienkleinodien zur Schau.
Die „Melonenglocke" auf dem Tisch war ursprünglich ein Minitreibhaus, mit dem man junge Melonenpflanzen vor der Witterung schützte.

Bei IKEA gibt es einen traditionell geformten Klapptisch aus unbehandeltem Fichtenholz preiswert zu kaufen. Man kann ihn leicht selbst bemalen und patinieren, so dass er von einem antiken Stück kaum zu unterscheiden ist.

Der antike Kirchenschrank wurde in Frankreich entdeckt und vorsichtig nach Hause verfrachtet. Hier ist er Bestandteil eines schönen Stillebens in einer Zimmerecke.
Auf dem Fensterbrett stehen ein paar Vasen aus altem Bauernsilber, das heute sehr schwer zu finden ist. Auch die Lampenschirme in den Fenstern sind ziemlich seltene Stücke.

Schön brechen sich die Sonnen-
strahlen in einer Sammlung von
Glasgefäßen auf dem Fensterbrett.

Das Gartenzimmer steht direkt
mit dem Küchen-Esszimmer in
Verbindung und ist den ganzen
Tag über in helles Licht getaucht. Auch hier befindet sich
ein gemütlicher Essplatz, doch
oft werden die Möbel zur Seite
geschoben, damit Kirsten an
einem ihrer Restaurationsprojekte arbeiten kann. Hoch

rankt sich die Passionsblume am
Fenster empor. Zusammen mit
den hellen Holzmöbeln und den
blauweiß gestreiften Lehnstühlen
sorgt sie das ganze Jahr über für
eine sommerliche Atmosphäre.
Oben um den Raum herum zieht
sich ein Regal mit einer großen
Sammlung von Kerzenleuchtern
und Bechern aus Bauernsilber.

Holunderblütendrink

Holunderblütenrispen, Zitronen und Weinsäure in eine große Kanne geben und mit kochendem Wasser aufgießen. Umrühren und 5 Tage lang zugedeckt an einem kühlen Platz stehen lassen. Gelegentlich umrühren. Die Mischung abseihen und mit dem Zucker aufkochen. Wenn sich der Zucker ganz aufgelöst hat, in eine keimfreie Flasche abfüllen und fest verschließen. Kühl lagern, am besten im Kühlschrank.

Man kann den Saft auch in ausgespülte Milch- oder Saftkartons füllen und einfrieren. Dann braucht man dem Getränk keine Konservierungsstoffe zuzusetzen. Zum Servieren im Verhältnis 1:4 mit Wasser verdünnen.

50 Holunderblütenrispen
Fruchtfleisch von 2 unbehandelten Zitronen,
in Würfel geschnitten
45 g Wein- oder
Zitronensäure
3 kg Bio-Rohrzucker
3 l kochendes Wasser
(Ergibt ca. 6 Liter fertiges
Getränk)

Der Garten ist ein üppig blühendes Universum, in dem hier und da gemütliche Sitzecken verstreut sind.

Das Kopfsteinplaster des Gartenweges setzt sich fort bis in die Orangerie. Hier arbeitet Kirsten zumeist an den gröberen Restaurierungsarbeiten, und hier überwintern auch die großen Topfpflanzen.

Schon im Vorfrühling versammelt sich hier zuweilen die Familie bei schönem Wetter, um einen kleinen Vorgeschmack auf den Sommer zu genießen.

Die klassischen, geflochtenen Korbstühle werden oft dem bekannten französischen Architekt Le Corbusier zugeschrieben, da dieser sie für die Inneneinrichtung eines seiner Gebäude verwendete. In Wirklichkeit handelt es sich dabei jedoch um traditionelles französisches Handwerk der 1920er-Jahre. Die Stühle sind aus Kastanienholz und daher sehr wetterfest.

In der ehemaligen Garage befindet sich heute eine reguläre
Werkstatt. Hier ist reichlich
Gelegenheit zum Experimentieren
mit Wand- und Fußbodenbema-
lung und viel Platz für die ganz
großen Restaurationsprojekte.
Draußen vorm Fenster befindet
sich eine der vielen im Garten
verstreuten Sitzecken.

Das Haus hatte zuvor sehr guten Freunden gehört, und die jetzigen Eigentümer waren immer sehr gern hierher zu Besuch gekommen. Als die Freunde eines Tages anriefen und erzählten, dass sie das Haus verkaufen wollten, schlug die Familie sofort zu.

Das Reihenhaus ist nur etwa 125 Quadratmeter groß (das Kellergeschoss nicht mitgerechnet), doch hier ist trotzdem reichlich Platz - sowohl im Haus als auch im Herzen seiner Bewohner. Als Frederik und Rose Marie geboren waren, wollten Henriette und Jesper sichergehen, dass die Kinder in einem Haus aufwuchsen, in dem immer etwas los ist. Daher steht die Türe immer offen, der Kühlschrank ist voll, und es wird viel Zeit mit geselligem Beisammensein verbracht.

Die Atmosphäre und die Einrichtung des Hauses ist der leichten Hand Henriettes zu verdanken. Sie kann es gar nicht hell genug haben, und daher scheint das Tageslicht fast überall unbehindert von Gardinen durch die Fenster, und bei der Einrichtung dominieren die hellen Farben. Und selbst wenn die Räume nicht gerade groß sind, so wurde hier doch auf reichlich Bewegungsfreiheit geachtet.

Henriette hatte schon immer eine Vorliebe für Pastelltöne, besonders die Schattierungen von Blau, Grün, Gelb und Rot. In diesem Haus werden Pastellfarben nicht nur hier und da als dezente Farbakzente eingesetzt, sondern sie machen sich fröhlich und nachdrücklich im ganzen Haus breit.

Doch auch das Funktionelle, Romantische, Poetische und leicht Schräge wird in diesem Haus sehr geschätzt — und starkes neues Design in maskulineren Tönen. Ein Zuhause mit einem so persönlichen Stil kann niemals nur eine Kopie von anderer Leute Geschmack und Lebensart sein. Zu dem ganz speziellen Lebensstil dieses Hauses trägt außerdem der Umstand bei, dass hier eine Mutter lebt, die furchtbar gern saubermacht — und die sich trotzdem dadurch nicht stressen lässt!

Offenes Haus

Es war, als ob das Haus auf sie gewartet hätte – und

als es schließlich verkauft werden sollte, bestand für

die Familie kein Zweifel: hier wollten sie wohnen.

Die supermoderne Küche mit integriertem Esszimmer ist der Treffpunkt für Familie, Freunde und Spielkameraden. Das Farbschema wurde bereits beim Bau der Küche festgelegt. Die hellgelben Wände ziehen sich durch den ganzen Raum und stehen in einem beherzten Kontrast zu den glänzenden hellblauen Fliesen. Die Fliesen tragen den Namen „Sydney," da der Architekt Jørn Utzon sie für die Außenverkleidung des Opernhauses in Sydney, Australien, verwendete. Sie sind daher extrem witterungsbeständig und frostfest. Hier entschied man sich dafür, weil der Farbton genau richtig war. Die zartgelben Küchenschränke mit den soliden Metallgriffen wurden sowohl als Ober- und als auch als Unterschränke eingesetzt. Die Theke zwischen Küchen- und Esszimmerbereich besteht aus einem gefliesten Sockel, der mit einer speziell angefertigten Stahlplatte abgedeckt wurde. Die amerikanischen „Gefängnisstühle" oder „E-chairs" aus Aluminium wurden bereits 1932 entworfen und werden noch heute hergestellt.

Am Ende des Wohnzimmers
befindet sich ein kleiner Anbau,
durch dessen große Fenster man
einem schönen Blick auf die
Terrasse und den Garten hat. An
kalten Tagen wandern die
Gartenmöbel nach drinnen, und
dann wird einfach der schöne
Ausblick genossen. Das Zimmer
ist unmöbliert, abgesehen vom
Bügelbrett, das hier seinen festen Platz hat. Es ist fast wie eine
Meditation, in diesem schönen
hellen Zimmer stapelweise
Bügelwäsche zu ordnen!

Einfache Schichttorte

Zu einem dänischen Kinderge-
burtstag gehört eine Schichttorte
unbedingt dazu. Dieses Rezept
kann man je nach Geschmack
variieren. Kaufen Sie beim
Bäcker mehrere Bisquitböden
und füllen sie die Schichten mit
Früchten, Buttercreme oder
Schlagsahne. Dann Puderzucker
und Wasser verrühren, ggf. mit
Lebensmittelfarbe einfärben, und
die Torte damit glasieren. Nach
Geschmack verzieren und die
Kerzen nicht vergessen.

**Ein Bisquitboden,
in 3 Lagen geschnitten
Buttercreme
Schlagsahne
Frische Früchte
(z. B. Erdbeeren)
Puderzucker
Lebensmittelfarbe
Kuchendekoration**

Das Wohnzimmer scheint mit einem gewissen Augenzwinkern eingerichtet worden zu sein, denn das große schwarze Ledersofa beherrscht das eine Ende des Raumes wie eine Monumentalskulptur. Die beiden pastellfarbenen Tischchen und die modernen Stehlampen stehen dazu im krassen Kontrast – zu so einer Zusammenstellung gehört schon etwas Mut! Die kahle Wand ist nur dem Umstand zu verdanken, dass die Familie immer noch kein geeignetes Bild dafür gefunden hat.

Tipp

Diese hübsche Einkaufstüte war die Inspiration für viele in diesem Haus verwendeten Farben. Modefirmen investieren nämlich eine Menge Zeit und Geld in die Entwicklung von Farbkonzepten. Gehen Sie mit einem Papierschnipsel, einer Stoffprobe oder einer hübschen Verpackung in Ihren Farbenladen und lassen Sie sich dort den genauen Farbton anmischen.

Das große weiße Wandregal besteht aus einem Modulsystem. Durch eine geniale Konstruktion, die sonst in Bibliotheken und Lagern verwendet wird, kommt man jederzeit auch ans alleroberste Fach. Die Leiter läuft auf arretierbaren Gummirollen. Wer hier zu Besuch kommt, wird bemerken, dass Bügelbrett, Wischeimer und Staubsauger immer irgendwo herumstehen- und liegen – oft mitten im Zimmer. Das ist ganz normal in einem Haus, in dem es vor Kindern und langhaarigen Katzen nur so wimmelt, und mit einer Mutter, die das Saubermachen liebt. So sind die Haushaltsgeräte hier gewissermaßen ein integraler Teil der Einrichtung und der täglichen Routine geworden.

Die Zeiten sind längst vorbei, in denen die stolzen, alten Patriziervillen im Strandvej-Viertel nördlich von Kopenhagen jeweils von nur einer einzigen, wohlhabenden Familie bewohnt wurden. Heute sind viele der Häuser in mehrere unabhängige Wohnungen unterteilt, in denen viele Menschen wohnen. Das ist auch hier der Fall, wo sich Birgitta, Stig und Hector im ersten Stock einer alten Villa eingerichtet haben. Birgitta wohnte viele Jahre im Ausland und hat sich von den vielen verschiedenen Farben, Kulturen und Traditionen inspirieren lassen, die ihr begegnet sind. Doch als sie wieder nach Dänemark zurückkehrte, hatte sie doch wieder Sehnsucht nach kühlen, graublauen Farbtönen und Pastellfarben. Und nach einer ruhigen Umgebung.

Bevor sie jedoch ihre Einrichtungspläne in die Tat umsetzen konnte, musste man in der Villa zunächst einige größere Veränderungen durchführen. Man entfernte mehrere Wände, um geräumige, helle und funktionelle Räume zu schaffen. Die Arbeit wurde mit professionellen Handwerkern sowie der Hilfe von guten Freunden bewerkstelligt. Der Wohnungsstil ist eine schöne und ausgewogene Mischung aus Alt und Neu, die sich sowohl von alten schwedischen Häusern sowie dem internationalen modernen Design inspirieren ließ. Die Grundfarbe ist Weiß, hier und da unterbrochen von Akzenten aus der rosa Palette – und natürlich rauscht im Hintergrund das Meer.

Ein Blick aufs Wasser

Strand und Meer, kühle Farbtöne und Lichtreflexe auf

dem Wasser haben die Einrichtung dieser Familie inspiri-

ert, die immer gern nahe am Wasser gewohnt hat.

Banane-Erdbeer-Smoothie

Alle Zutaten im Mixer pürieren
und auf vier mit Eiswürfeln gefüll-
te Gläser verteilen. Wenn der
Mixer stabil genug ist, kann man
die Eiswürfel gleich mit zerklei-
nern. Versuchen Sie auch einmal,
die Obststückchen vorher einzu-
frieren.

250 g Erdbeeren
250 g Bananen,
in kleine Stücke geschnitten
250 ml Ananassaft
2 El Kokosmilch
ein Schuß Grenadinesirup
(Ergibt 4 Portionen)

Da es im ersten Stock keine
Küche gab, entfernte man die
Wände zwischen drei kleinen
Kammern und erhielt einen großen, hellen Raum, der nun als
Zentrum der Wohnung und allge-
meiner Treffpunkt dient. Die
Wände wurden fast bis zur Decke
mit groben, unbehandelten
Fichtenbrettern verschalt, die
oben rundum mit einem Regal
abgeschlossen sind. Sie wurden
mit drei Schichten weißer
Acrylfarbe versiegelt, damit man
sich daran keinen Splitter reißt.
Der spiegelblanke weiße
Fußboden, der sich durch die
gesamte Wohnung zieht, bekam
drei Schichten weißer Ölfarbe,
die mit einer Lackschicht versiegelt wurden. Er steht in einem
interessanten Kontrast zu den
rauen Wänden und erinnert ein
wenig an eine spiegelglatte
Wasserfläche.
In der Essecke der Küche hat
man richtig Lust, sich zu langen
Mahlzeiten aufzuhalten. Der antike Esstisch stammt aus
Rumänien. Die schönen Stühle
bekamen einen Bezug aus
Rohleinen. Im interessanten
Kontrast zu den Möbeln steht die
ultramoderne Hängelampe.

Tipp

Überall in der Wohnung findet
man selbst gesammelte
Muschelschalen, die nicht
nur als Dekoration verwendet
werden. Hier dienen sie z. B.
als praktischer Löffel im
Salzgefäß und als Pfeffer-
behälter.

In die kleinen Alben werden Familienbilder eingeklebt; andere dienen als Skizzenbücher. Es gibt sie in verschiedenen Farben und Formaten zu kaufen. Hier wurden sie mit einem Familienfoto personalisiert. Schön gruppiert an der Wohnzimmerwand hängt eine ganze Sammlung von alten Stichen und Aquarellen, die vorwiegend Muscheln und Schnecken zum Thema haben. Alle Bilder befinden sich in antiken, versilberten Rahmen. Der kleine dreibeinige Sofatisch stammt aus den 1950er-Jahren und war die erste gemeinsame Anschaffung der Großeltern. Er bekam einen neuen Anstrich aus weißer Lackfarbe und eine Philippe-Starck-Lampe als Gesellschaft.

Die hübschen kleinen Wal-
nußboote können die Kinder
leicht selber machen: Einen
Klumpen Knetgummi in eine
leere Schalenhälfte drücken
und einen Zahnstocher hin-
einstecken. Die abgeschnit-
tenen Ecken von alten Hand-
tüchern o. ä. dienen als
Segel.

Eine Ritterburg im Wohnzimmer
ist wohl der Traum jedes kleinen
Jungen. Das Hochbett besteht
aus Profilbrettern und wurde mit
Lattenrost und Schaumgummi-
matratze ausgestattet. Darunter
werden in praktischen Plastik-
kisten Spielsachen und Bilder-
bücher aufbewahrt. Auch die
Kuscheltiere haben eine eigene
Burg aus einem passend zurecht-
geschnittenen und bunt angemal-
ten Pappkarton.

Überall macht sich die Vorliebe
für Lichtreflexe und glänzende
Gegenstände bemerkbar. Selbst
die antiken Gegenstände geben
sich dabei erfrischend modern –
und äußerst feminin.

Der blanke, weiße Fußboden
zieht sich bis ins stolze 40
Quadratmeter große Schlafzimmer. Es schaut nach Osten
und hat eine kleine Terrasse mit
Morgensonne und Blick auf den
Øresund. Da der Raum auch als
Arbeitszimmer dient, wurde hier
eine elegante Möglichkeit ges-
chaffen, den Schlafplatz optisch
abzutrennen, indem ein Stahlseil
quer durch den Raum gespannt
wurde. Daran sind hauchzarte
Gardinen und Bahnen aus

Seidenstoff angebracht; alle in
hübschen, zarten Pastelltönen.
Als farblich abgestimmter Bett-
überwurf dient eine selbstgenähte seidene Steppdecke. Die
Deckenlampe, ein Reisemit-
bringsel aus Syrien, hängt unter
der in der Deckenmitte befindli-
chen Stuckrosette. Eine Kombi-
nation von Neu und Alt ist der
gegen die Wand lehnende
Spiegel: er besteht aus einem
alten Stalltürblatt, das mit einem
Rahmen versehen wurde.

Vom Strandvejen aus geht eine
ganze Reihe von kleinen Stich-
wegen ab, die zu kleinen Sand-
buchten mit öffentlichem Zugang
führen. Das ganze Sommerhalbjahr über treffen sich hier die
Familien des Viertels um zu spielen, zu schwatzen und zu baden.

Muschelschalen lassen sich
sehr schön zu allerlei Deko-
rationen verarbeiten. Hier
wurden sie mit Heißkleber
auf einem Brett befestigt. Die
Muscheln in der gewünschten
Form arrangieren und eine
nach der anderen vorsichtig
festkleben.

Den Garten, der zu dem alten
Haus am Sund dazugehört, hat
Birgitta mit wohlduftenden, alten
Rosen, klassischen Stauden,
Kräutern, Obstbäumen und
Beerensträuchern selbst be-
pflanzt. Alles blüht wie zufällig
wild durcheinander, und es gibt
eigentlich immer irgend etwas,
das gerade in Blüte steht.

Herbst

Der Herbst ist in Skandinavien traditionellerweise eine geschäftige und festliche Zeit, und der Spätsommer rundet die helle Jahreszeit auf seine ganz besondere Weise ab. Das Blau des Himmels ist irgendwie anders, und rasch ziehen die Wolken über diesen ganz besonderen, hohen Septemberhimmel. Das Licht fällt nun in einem tieferen Winkel über das Land, es bläst ein schärferer Wind, und schwere Düfte und tiefe, warme Farben erfüllen unsere Sinne. Vielleicht ist es diese Jahreszeit, die wir in Wirklichkeit am intensivsten erleben?

Es ist wieder Zeit, sich um die Wohnung zu kümmern und sie auf den Winter vorzubereiten. In den Vasen stehen die letzten Herbstrosen, Kissen und Decken machen die Stube einladend, und man wendet sich wieder dem Bücherschrank zu. Die Einrichtung soll bequem und kuschelig sein, denn man rückt nun wieder enger zusammen und macht es sich miteinander gemütlich. Knisternde Kaminfeuer und heiße Kastanien versprechen eine herrliche Zeit.

Nach langem Suchen wurde man fündig, aber das Haus war doch sehr vernachlässigt worden. Dafür war das Umfeld perfekt, und so konnte der Traum vom modernen Heim mit Platz für die ganze große Familie langsam konkrete Formen annehmen.

Das 1952 gebaute Haus musste zunächst völlig umgebaut werden. Zuerst installierte man eine neue Küche und zwei neue Badezimmer. Dann wurden die verbliebenen Wände einer Generalüberholung unterzogen. Zum Schluss wurde noch ein Stück angebaut, und während dies geschah, lebten Steen, Lene und die Kinder schon in dem bereits renovierten Teil des Hauses.

Viele Plan-, Zeichen- und Arbeitsstunden später war das Haus um stolze 100 Quadratmeter größer geworden, mit großen, hellen Räumen, in denen die ganze Familie sich voll entfalten kann - sowohl zusammen als auch jeder für sich allein. Da Licht und Wohlbefinden auf der Prioritätenliste ganz oben stehen, wurden im ganzen Haus große Glaspartien eingesetzt.

Die Einrichtung ist von modernen Linien geprägt – alles ist in einem sehr klaren Stil gehalten. Hauptcharakteristiken sind die großen, hellen Flächen und der durchgehende Einsatz von Glas, Eichenholz, schwarzem Leder und Stahl. Auch auf freie Fußbodenfläche wird großer Wert gelegt, damit die Kinder und ihre Spielkameraden viel Platz zum Herumtoben haben.

Durch den Um- und Anbau sind auch ein paar schöne „Draußenzimmer" enstanden, z. B. eine 70 Quadratmeter große Terrasse als Verlängerung des Wohnzimmers, auf der die Familie den Sommer verbringt.

Auch der Garten wurde ganz neu angelegt, schlicht und funktionell, mit mehreren geschützen Sitzecken. Es gibt viele Obstbäume, und der ganze Garten ist voll von Kletterrosen, die die straffen Linien etwas abmildern und rundum ihren süßen Duft verbreiten.

Die große Verwandlung

Als sich die Familie nach einem neuen Zuhause umsah,

kam es ihr vor allem auf Lage und Umgebung an –

denn alles andere kann man schließlich ändern.

Die 70 m² große Terrasse ist eine prächtige Erweiterung des ohnehin schon geräumigen Hauses. Der Fußboden ist mit Teakplanken ausgelegt, die mit der Zeit eine schöne silbergraue Patina bekommen werden. Die Brüstung sollte schlicht sein, aber dennoch die kleineren Kinder am Hinunterfallen hindern. So setzte man zwischen Mauer und Geländer spezialgehärtete Glasscheiben ein. Dies hat gleichzeitig den Vorteil, dass man hier nun bis spät in den Herbst hinein windgeschützt sitzen kann. Der Rückenteil der schönen und schlichten Sonnenliegen ist verstellbar: wenn man ihn ganz flach herunterlässt, kann man die Liege als Sitzbank und sogar als Tisch einsetzen.

Vom Garten führt eine breite, ge-
pflasterte Treppe zum Haus hin-
auf. Die Familie wünschte sich
eine teilweise überdachte Terrasse, und um die strengen Linien
des Hauses etwas aufzulockern,
entschied man sich für diesen
schwungvollen Bogen – die Inspiration dafür lieferte die von
Arne Jacobsen entworfene Tank-
stelle bei Bellevue. Der Bogen
besteht aus Spannbeton, und es
war keine leichte Aufgabe, ihn an
seinem Standort anzubringen!

Die Terrassenwand zum Garten
hin besteht ebenfalls aus Beton.
Um die sonst sehr übermächtige
Mauerfläche etwas abzumildern,
wurde oben ein „Fenster" mit
Gittereffekt eingelassen. Das einfallende Licht zeichnet schöne
Muster auf den Terrassenboden.
Die stapelbaren Metallstühle sind
sehr wetterfest und können daher
gut draußen bleiben.

Es gibt viel Bewegungsfreiheit im Wohnzimmer, und dabei kommen besonders moderne Möbel sehr schön zur Geltung. Für einen wunderbaren grafischen Effekt sorgen der Schwarzweiß-Kontrast und die klaren Linien dieses Arrangements.

Hier gewinnt man einen Überblick über den Einrichtungstrend in dieser Familie: Eichenholz; Glas; große, helle Wandflächen und Stahl. Eine Spezialanfertigung sind die großen Wandborde aus Eiche, die sich mit Wandbildern, Objekten und Büchern zu einem richtigen Gesamtkunstwerk verbinden. Die vom Boden bis zur Decke reichende Tür stammt noch aus dem ursprünglichen Haus und bekam lediglich neue Einsätze aus satiniertem Glas.

Das Esszimmer ist direkt mit der Küche verbunden, und dieser Teil des Hauses dient als natürlicher Familientreffpunkt. Auch hier ist die Einrichtung von Stahl und Leder geprägt und hat sich, mit so vielen Kindern im Haus, als vernünftige Investition erwiesen. Dieser Raum nimmt zusammen mit dem parallel dazu gelegenen großen Wohnzimmer die gesamte Grundfläche des Hauses ein – abgesehen von einem Schlafraum mit Badezimmer. Dies restlichen Räume liegen eine Etage darunter, denn das Haus wurde direkt in einen abfallenden Hang hineingebaut.

Rote-Beete-Salat

Die Rote Bete ca. 45 Minuten in leicht gesalzenem Wasser weich kochen. Unter kaltem Wasser abspülen und die Haut abpellen. In kleine Würfel schneiden.

Aus Senf, Zitronensaft, Knoblauch, Olivenöl, Salz und Pfeffer ein Dressing zubereiten, die Rote Bete darin wenden und mit Kapern, Walnüssen und Petersilie bestreuen. Als Vorgericht oder als Beilage servieren.

3 mittelgroße Rote Bete

25 g Kapern

30 Walnußkerne

etwas Petersilie

1 Tl Dijonsenf

Etwas Zitronensaft

1 zerdrückte Knoblauchzehe

3 El gutes Olivenöl

Salz und Pfeffer

(Ergibt 4 Portionen)

Tipp

Kastanien kommen bei Kindern immer gut an. Sie sind hübsch blank, fassen sich schön an, passen gut in die Hosentasche – und man kann alles Mögliche daraus basteln: Legen Sie einen Tisch mit Zeitungspapier aus und lassen den Kindern mit Kastanien, Zahnstochern und Bambusspießchen freie Hand. Legen Sie evtl. eine Ahle und ein Schneidebrett als Unterlage dazu.

Sowohl Küche (s. S. 106) und Wohnzimmer ziehen sich lang und gerade durchs Haus. Hier erkennt man deutlich das konsequente Einrichtungskonzept. Die großen Möbelgruppen stehen frei im Raum, und gleichzeitig wurden breite Durchgänge und Wandplätze freigelassen. Viel Tageslicht fällt in die Räume - auch ohne die Oberlichter. Doch Dachfenster sind nun einmal ein ganz besonderer Luxus, der die Stimmung eines jeden Raumes zu heben vermag. Lediglich die kleinen Seitenfenster wurden mit neutralen Faltgardinen ausgestattet. Vom Wohnzimmer aus gelangt man zum Sommer-Lieblingsplatz: die große Terrasse. Es ist so viel Leben im Haus, dass man beschloss, die Terrassenwand ganz zu verglasen, um den Durchgang zu erleichtern.

Ulrika und Johan sind bis weit über die Landesgrenzen hinaus für ihre Talente bekannt, und sie haben ihren Spürsinn und Respekt für alte Werte zu einem richtigen Broterwerb gemacht. Sie können sich einfach nicht vorstellen, irgendwo anders zu leben als auf dem alten Familienhof in Südschweden, den sie mit Ulrikas Eltern und ihrer kleinen Tochter Anna-Moa teilen.

Der Hof besteht aus zwei getrennten Gebäuden, die die beiden Generationen unter sich aufgeteilt haben. Das junge Paar wohnt im ersten Stock des einen Hauses; die Geschäftsräume befinden sich im Stockwerk darunter. Sie haben aus ihrem Handel mit schwedischen Antiquitäten mittlerweile einen kompletten Lebensstil für sich entwickelt. So fahren sie gemeinsam im ganzen Land herum und kaufen Möbel und andere Gegenstände ein, die sie dann in ihrem Geschäft weiterverkaufen. Dieses ist mittlerweile nicht nur bei Privatsammlern, sonder auch bei professionellen Einkäufern im In- und Ausland bekannt. Ulrika hat eine

Gabe dafür, die Dinge in Szene zu setzen und hat bereits eine Reihe von alten schwedischen Interieurs entworfen. Kürzlich richtete sie ein Hotel in London ein.

Die junge Kleinfamilie hat ihren Teil des Hofes selbst eingerichtet, auf nur 90 Quadratmetern und mit einem relativ offenen Grundplan. Auf diese Weise konnten sie selbst mit all den schrägen Wänden einen hellen und geräumigen Eindruck bewahren. Um die verschiedenen Räume voneinander zu trennen, wurden Zwischenwände eingezogen, die nicht ganz bis an die Decke reichen.

Die Einrichtung ist natürlich vom gemeinsamen Interesse des Paares geprägt: schwedische Antiquitäten und Traditionen. Doch trotzdem wirken die schönen alten Sachen in diesem Zuhause nicht wie eine Ausstellung, sondern sie sind integraler Bestandteil einer funktionellen Wohnung für eine junge Familie, bei der Gäste und Kunden ein- und ausgehen.

Ein Hof in Schweden

Es scheint, als sei auf dem schönen Hof in Skåne die Zeit stehengeblieben. Hier bestehen alte schwedische Traditionen fort – geschätzt und aufrechterhalten von einer jungen Familie.

Die Küche ist eine Art separater Raum in der sonst sehr offen angelegten Wohnung. Die Trennwände reichen nicht bis an die Dachbalken heran, damit das Licht aus dem restlichen Raum hier einfallen kann. Die Oberschränke sind offene Regale, unter der Arbeitsfläche hingegen verbirgt sich der Stauraum hinter Vorhängen aus Rohleinen. Die Arbeitsfläche besteht aus Schiefer, einem schwedischen Naturmaterial.

Knäckebrot ist eine typisch
schwedische Spezialität, die zu
allen Gelegenheiten mit verschie-
denem Belag gegessen werden
kann. Die runde Form hat funktionelle Gründe, denn in alter
Zeit wurde das Knäckebrot zur
Aufbewahrung auf Besenstielen
unter die Decke gehängt.
Ein typisch schwedisches „smør-
gås" ist z. B. Knäckebrot mit
Räucherlachs, mit etwas
Schnittlauch bestreut.

Der alte Klapptisch stammt aus
der Mitte des 19. Jahrhunderts
und hat noch die ursprüngliche
Farbe. Schwedische Klapptische
sind praktisch, denn sie können
je nach Bedarf aus- oder platz-
sparend zusammengeklappt werden und sind ein gutes Beispiel
für bewährtes Gebrauchsdesign,
denn ihre Bauart hat sich jahr-

hundertelang erhalten. Hier wird
der Tisch von einer Reihe antiker
Stühle flankiert, von denen eini-
ge noch aus dem Ende des 18.
Jahrhunderts stammen.
Die hübschen, kleinen Sprossen-
fenster öffnen den Raum und lei-
ten das Licht die schrägen
Wände entlang ins Innere der
Wohnung.

Mitten zwischen den alten Sachen im Wohnzimmer steht ein Fußhocker von IKEA, der einen neuen Bezug aus einem alten Leinensack bekommen hat. Die drei kleinen, nebeneinander gestellten Tischchen stammen aus einem Badehaus. Deren Tischplatten bestanden ursprünglich aus Glas, das nun durch Marmor ersetzt wurde. Alle

Wände der Wohnung wurden mit rohem Kiefernholz verschalt und anschließend mit mehreren Schichten weißer Leimfarbe gestrichen.

Aus Dalarna stammt die imposante, drei Meter lange Klappbank im so genannten Karl-Johan-Stil (Schwedisches Empire), der den schon erwähnten, etwas raffinierteren gustavianischen Stil ablöste. Man kann die Bank der Länge nach zu einem normalgroßen Bett und zusätzlich quer zu einem Kinderbett ausziehen.
Das Ölgemälde stammt von Ulrikas Vater, dem Künstler Lennart Hall.

Die kleine Anna-Moa schläft mit
im Schlafzimmer der Eltern, wo
man ihr einen eigenen Platz für
ihre Sachen eingerichtet hat –
natürlich passend zum Stil des
Hauses.

Der alte Wäscheschrank mit
Schubladen im Fußteil hat seine
ursprüngliche Farbe behalten.
Daneben steht ein schöner
Lehnstuhl im typisch gustavianischen Stil, der noch heute hergestellt wird. Der gustavianische
Stil war die schwedische Ausgabe des französischen Louis-
Seize-Stils aus dem Ende des
18. Jahrhunderts. Die klaren,
parallelen Linien und der helle,
beschwingte Stil waren von den
Funden des kurz zuvor ausgegra-
benen Pompeji inspiriert und
große Mode in den tonangeben-
den Höfen Europas. Im Norden
breitete sich der Stil später beim
ganzen Volk aus.

Der schöne, üppig wuchernde
Garten rund um den Hof wurde
schon im 19. Jahrhundert angelegt. Damals wurde er von mehreren Gärtnern gehegt und gep-
flegt, doch im Laufe der ständig
wechselnden Besitzer verwilderte
er mehr und mehr. Traditionelle
Gewächse wie diese Hopfen-
ranken werden heute eher als
Dekoration verwendet und passen wunderbar in die Umgebung.

Im Garten blühen Blumen in
Hülle und Fülle – all die alten
schwedischen Sorten – sowie
Obstbäume, Beerensträucher,
Gemüse und Kräuter. Alles blüht
wild und üppig nebeneinander,
wie es sich für einen alten
schwedischen Landgarten gehört.
Der Garten der Großeltern ist
durch eine schöne Gartenpforte
aus entrindeten Birkenästen ab-
getrennt, die zwischen zwei
Pfosten auf Querbalken genagelt
wurden.

In dieser Fünf-Zimmer-Wohnung in einer altehrwürdigen Stadtvilla mit Blick über die Dächer Kopenhagens wohnt Lars schon seit etlichen Jahren.

Es war ihm wichtig, zentral zu wohnen, in der Nähe seiner beiden Geschäfte. Dennoch sollte seine Wohnung ein ruhiger und heller Ort sein, an dem man sich von dem hektischen Großstadtleben zurückziehen konnte.

Dass jeder Raum schon für sich allein wirkt, ist Lars genauso wichtig, wie die Dinge, die darin stehen. Die Winkel und Proportionen und das Zusammenspiel zwischen Boden, Decke, Wandflächen, Türen, Fenstern und Licht ist stets das wichtigste Kriterium bei der Einrichtung; es soll sich zunächst der „Seele des Raumes" angepasst werden. Ins Detail gehen kann man dann anschließend.

Die Wohnung ist ein nettes Beispiel für ein sehr persönliches Heim, eine friedliche Oase, die Ausdruck von Lars' Interessen ist. Hier gibt es einen wahren Reichtum an spannenden Dingen, die alle ihre eigene Geschichte zu erzählen haben. Man könnte dabei beinahe vergessen, wo auf der Landkarte man sich befindet, denn Lars' Vorliebe für französische Antiquitäten macht sich in der ganzen Wohnung bemerkbar, und die überall in der Wohnung verteilten Stillleben aus originellen Funden lassen eine geradezu festliche Stimmung aufkommen. Dennoch ist sein Wohnstil durch und durch skandinavisch: hell, einfach und funktionell.

Leben in Kopenhagen

Wenn unten die Haustür ins Schloss fällt und man die vielen Treppen bis in die Wohnung in der vierten Etage hochgestiegen ist, kommt es einem vor, als ob man ein schönes, wohlkomponiertes Gemälde betreten hat.

Früher standen in den
Rezeptionen der großen Hotels
von Paris solche Theatermodelle,
damit die Gäste bei der
Bestellung von Karten für die
Abendvorstellung ihre Sitzplätze
selber aussuchen konnten.
Dies ist ein Modell der Opera
Comique.

Das Esszimmer ist sehr schlicht
eingerichtet, doch die schöne
Komposition lässt dennoch eine
festliche Stimmung aufkommen.
Auf dem weiß lasierten Fußboden
aus Fichtenholz macht sich, flankiert von zwei Gartenbänken, ein
antiker dänischer Langtisch breit.
Als Tischtuch dient ein antikes
Hochzeitslaken aus Rohleinen,
und die Tafel ist mit antikem
Porzellan und Glas gedeckt. Auf
dem Tisch prangt ein siebenarmi-
ger französischer Votivkerzen-
leuchter mit Blumendekoration.
Als kraftvoller und überraschen-
der Kontrast hängt im Hintergrund eine Lithografie des amerikanischen Künstlers Richard
Serra.

Im Wohnzimmer steht ein neues Sofa mit gestreiftem Bezug – alles andere sind alte Möbel und Gegenstände, von denen die meisten eine ganz eigene Geschichte zu erzählen haben. Der alte Metallschrank in der Ecke hinter dem Sofa stammt von der Auflösung der Schiffswerft B&W. Die beiden großen Kerzenleuchter sind Balustradenpfosten aus einem Abrisshaus in Vesterbro. Die übrigen Leuchter kommen aus Frankreich und sind aus Quecksilberglas, dem so genannten „Bauernsilber“. Als Sofatisch dient eine Kiste, die aus einer katholischen Kirche stammt, mit farbigen Gläsern als Kerzenhaltern. Die Bemalung der Wände wurde von einem Dekorateur vorgenommen (siehe auch „Ein Haus in Roskilde“). Auf den ersten, cremefarbenen Anstrich wurde eine zweite Schicht stark verdünnter weißer Farbe aufgetragen. Dieser milchige Schleiereffekt bringt eine lebendige Spannung auf die Wandfläche. Die blaugestreiften Kissen und Bezüge aus alten und neuen Stoffen runden den Stil des

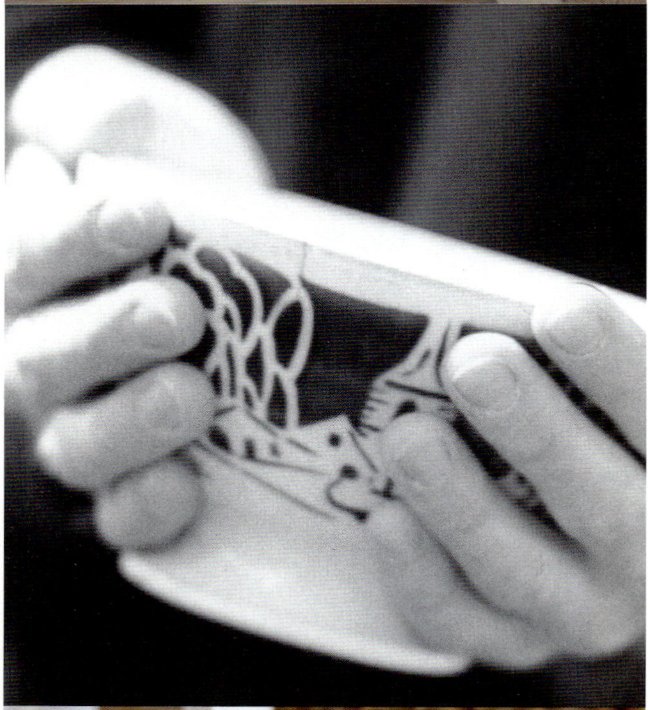

Die neu eingerichtete Essecke in der Küche ist wunderschön hell. Von hier aus hat man einen herrlichen Blick auf die großen Bäume im Hof. Schön brechen sich die Strahlen der Morgensonne in dem kristallenen Lüster über dem gedeckten Frühstückstisch.
Die alten französischen Kirchenstühle haben Initialen auf der Rückenlehne. Feigenbäume sind Lars' Lieblings-Topfpflanzen, und man findet sie über die ganze Wohnung verteilt. Mit etwas Pflege und viel Sonne können sie recht groß werden.

Heiße Kastanien

Esskastanien sind ein wunderbarer Herbstimbiss und passen gut zu einem Glas Rotwein. In Frankreich kann man sie, über glühenden Kohlen geröstet, auf der Straße kaufen.

Den Boden einer feuerfesten Form mit einer Schicht grobem Salz bedecken. Das spitze Ende der Kastanien kreuzweise einschneiden. Die Kastanien in der Schale arrangieren und bei 200°C im Ofen backen, bis sie sich von selbst an der Einschnittstelle öffnen. Wenn die Kastanien gar sind, läßt sich die Schale leicht abpellen. In einen Klecks Butter getaucht mit etwas Salz bestreut essen.

Esskastanien

Grobes Salz

Butter nach Geschmack

Die Küche war bei der Wohnungs-
übernahme stark renovierungsbedürftig. Sie war ganz in den typis-
chen Braun- und Orangetönen der
1970er-Jahre gehalten, und die
Wände waren mit Vinylfliesen
beklebt.

Hier befanden sich ursprünglich
mehrere kleine Räume: Küche,
Speisekammer und Dienstboten-
zimmer. Die Zwischenwände wurden entfernt und der so enstan-
dene große, helle Raum im Stil
einer Landhausküche eingerichtet.
Der Fußboden wurde abgeschliffen und weiß lasiert, doch die
Übergänge zwischen den ehemaligen Zimmern sind noch gut zu
sehen.

Die Küchenschränke bestehen aus
Standardelementen, die mit neuen
Türen aus Fichtenholz versehen
wurden – Kopien von alten dänis-
chen Küchenschranktüren, mit
Türknäufen aus Porzellan. Für den
französischen Einschlag sorgt das
Porzellan-Waschbecken. Im Kon-
trast dazu sind die Haushalts-
geräte ultramodern mit einer
Oberfläche aus gebürstetem
Edelstahl.

Schwarzbrot

Mischung 1: Hefe, Bier und Öl mischen. Weizenschrot, Roggenmehl und Sesam zugeben und 10-12 Stunden lang zum Gehen kühlstellen.

Mischung 2: Grahammehl und Weizenmehl zusammen mit Salz, Honig und Zimt der Mischung zugeben, alles zusammenkneten. In eine gefettete Backform geben und zum Gehen an einen warmen Ort stellen. Mit Wasser einpinseln und bei 180°C eine Stunde backen.

75 g Hefe

1 Flasche Weizenbier

150 ml Olivenöl

50 g Weizenschrot

200g Roggenmehl

100 g Sesam

250 ml Wasser

250 g Grahammehl

250 g (ca.) Weizenmehl

1 ½ Tl Salz

1 Tl Honig

1 Tl Zimt

Getreidekörner nach Geschmack

(ergibt 1 Brot)

Die mannigfaltigen Gartenhäuschen, zumeist aus Holz, zeugen von der Fantasie und Unternehmungslust ihrer Bewohner. Es gibt darunter keine zwei, die sich gleichen, und viele der Häuschen wurden aus allerhand Resten und Recyclingmaterialien zusammengebaut. Doch es liegt ein ganz besonderer Charme über dieser Kolonie von Freizeithäuschen, die in all ihrer Schrägheit reichlich Platz für Freude und Gemeinschaftssinn bietet. Üppig und schön blühen die Gärten, egal, ob sie als Zier- oder Nutzgärten angelegt wurden. Ständig werden die Häuschen verändert und verbessert, und überall hört man das Summen fröhlicher Stimmen. Es sind zumeist Stadtmenschen, die sich hier in der Schrebergartenkolonie einfinden. Viele können mit dem Fahrrad von der Arbeit direkt in den Garten fahren. Wenn man nicht im Sommer gleich ganz nach hier draußen zieht, wie es die meisten der Bewohner tun – und dann so lange bleibt, bis die Herbstfröste kommen.

Im Sommerhalbjahr scheint es hier fast, als ob die Zeit stehenbleibt und man das Gras wachsen hört. Man hält ein Schwätzchen über die Hecken hinweg und lädt die Nachbarn ein zu einem Imbiss und einem kalten Bier.

Die Schrebergärten sind zwar keine dänische Erfindung, aber man kann sie beinahe eine historische Bewegung nennen - und sie sind typisch dänisch. In den 1920er-Jahren wurden in den Stadtrandgebieten von Kopenhagen und anderen großen Städten auf billigem Grund und Boden kleine Gärten angelegt, um den Menschen in engen Etagenwohnungen die Möglichkeit zu bieten, frische Luft zu schnappen und ein wenig Erde unter die Fingernägel zu bekommen – zur Hebung der Volksgesundheit. Mittlerweile werden diese Schrebergärten von Generation zu Generation weitervererbt, und in manchen Gartenvereinen gibt es lange Wartelisten.

In dieser Kolonie gibt es sowohl Wasser als auch Strom. Das ist nicht selbstverständlich, doch es erleichtert den Alltag. Rundherum sieht man viele kreative Bademöglichkeiten – alles ist möglich, wo man schon einmal das Glück hat, einen Wasseranschluß zu haben.

Man hatte Britta vorher schon ein paar andere Häuschen angeboten, die ihr aber alle zu renovierungsbedürftig waren. Als dieses Haus frei wurde, war ihr sofort klar, dass es das Richtige für sie und ihren 12jährigen Sohn Adriano war.

Das Haus aus schwarzgebeiztem Holz befand sich jedoch in einem schlechten Zustand. Der erste Sommer war ein ständiges Pendeln zwischen Häuschen und Müllkippe. Alles, der größte Teil des Inventars eingeschlossen, wurde hinausgeworfen. Dann bekam alles einen neuen Anstrich – und der Traum vom Schrebergartenhaus mit massenhaft Licht, Luft und grüner Umgebung war Wirklichkeit geworden.

Das Schrebergartenhaus

Herbstliche Düfte von feuchter Erde, reifem Obst

und dem letzten Lavendel schlagen einem entgegen,

sobald man die Schrebergartenkolonie betritt.

Britta hatte von Anfang an beschlossen, dass die Renovierung ihres Schrebergartenhäuschens zwar viel Zeit, aber wenig Geld kosten durfte – und so musste sie ihre Kreativität spielen lassen. Weiße Farbe wirkt Wunder, und es macht Spaß, damit zu hantieren. Nach vielen Malerstunden fing das Haus schließlich an, inwendig zu leuchten.

Auf nur 38 Quadratmetern, verteilt auf Wohnzimmer, Küche, Schlafzimmer und Gartenzimmer, muss die Möblierung sowohl sparsam als auch praktisch sein. Ein Teil der Küche wurde als kombinierter Ess- und Arbeitsbereich eingerichtet. Der Tisch mit der weißgestrichenen Platte ist das Geschenk einer Freundin, und die fünf Stühle hat Britta aus der

Wohnung mitgebracht. Im Gegensatz zum Rest des Hauses gibt es hier keine Sprossenfenster, sondern schöne große Fensterscheiben, die den Garten in den Raum hereinholen. Das Haus ist wie ein Sommerhaus gebaut und daher nicht isoliert, doch an kühlen Tagen kann das Wohnzimmer mit einem elektrischen Heizkörper geheizt werden.

Mittlerweile hat das Häuschen einen kleinen Anbau bekommen, der sparsam mit ein paar hübschen Sesseln eingerichtet ist. Kuschelige Steppdecken laden zum Entspannen ein.

Nostalgische, leicht verblichene Blumenmuster sind hier genau das Richtige. Der Anbau hat eine Doppeltür, die sich zum Garten hin öffnet.

Birnentorte nach altem Rezept

Den Mürbeteig zügig zusammenrühren, damit er nicht zu warm wird. In eine Tortenform drücken und bei 185ºC goldbraun backen. Nach dem Abkühlen den Mascarpone auf dem Boden verteilen. Birnen schälen, halbieren und das Kernhaus entfernen. Quer in dünne Scheiben schneiden und leicht gefächert auf dem Tortenboden verteilen. Zum Schluss Butterflöckchen darüber verteilen und mit Zucker bestreuen. Bei 185ºC ca. 45 Minuten backen.

200g Bio-Weizenmehl

100g kalte Bio-Butter

eine Prise Meersalz

½ Tasse Bio-Rohrzucker

100 ml kaltes Wasser

ca. 6 Birnen

200g Mascarpone

Zwischen Küche und Wohn-
zimmer befand sich früher eine
ganze Wand, aber um mehr Licht
in die Räume zu lassen und die
Küche besser zu integrieren,
wurde eine Türöffnung geschaf-
fen. An der verbliebenen Wand
steht ein alter Vitrinenschrank
von IKEA, der weiß gestrichen
wurde und neue Innenvorhänge
bekam. Darüber hängt ein
Spiegel, den Britta auf dem
Sperrmüll entdeckt hat.

Tipp

Mobile Möbel sind praktisch,
denn sie können beim Saubermachen einfach beiseite
gerollt werden. Die Rollen
haben diesem Schrank gleich
ein viel moderneres Aussehen
verliehen.

Das andere Ende der kleinen Stube ist auch ein Multifunktionsbereich. Am Tage dient es als Sofaecke, und nachts ist es Brittas Bett. Um das Bett in ein bequemes Sitzmöbel zu verwandeln, wurden darauf Mengen von Kissen verteilt. Hinter dem Bett hat Britta einen handgewebten Flickenteppich angebracht, der die Wand sowohl schützt als auch gemütlicher macht. Als Extra-Stauraum und Sofatisch dient eine alte Transportkiste vom Zivilschutz.

Die Küche hatte früher Tapeten, Fliesen und Schränke in Oange und Braun. Als alles, selbst die Fliesen, weiß gestrichen war, wirkte der Raum viel heller und bekam einen völlig anderen Charakter. Nur die Arbeitsfläche hat noch den ursprünglichen Farbton. Mit so wenig Stauraum muss man sich auf das Nötigste beschränken; viele Lebensmittel haben daher auf der Arbeitsfläche ihren festen Platz. Noch aus den 1950er-Jahren stammen die Hängeborde (ursprünglich mit Schiebetüren) und die gläsernen Schubladen für Mehl, Zucker, Kräuter usw. Das ist typisch für Schrebergärten, denn wenn zu Hause renoviert wird, wandern die ausrangierten Küchenmöbel zunächst einmal hierher.

Das gemeinsame Interesse von
allen Schrebergartenbesitzern
sind natürlich die Gärten selbst.
Jedes Jahr wird hier ein freund-
licher Wettstreit um die höchste
Sonnenblume ausgetragen.

In dem 400 Quadratmeter großen
Garten haben schöne alte Obst-
bäume, Büsche, bunte Sommer-
blumen und sogar ein kleiner
Küchengarten Platz, und auf der
Terrasse werden in großen
Pflanztöpfen Kräuter gezogen.
Wenn man die Früchte des
Gartens einwecken und zu
Marmelade verarbeiten will, gibt
es im September viel zu tun.
Britta füllt alles in antike und
neue Marmeladengläser und in
Seltersflaschen mit Bügelver-
schluß – sie sind viel zu attrak-
tiv, um im Schrank versteckt zu
werden. Wenn im Herbst die
Saison in der Gartenkolonie zu
Ende geht, kann man so den
Sommer mit zu sich nach Hause
nehmen. Unter den abgebildeten
Köstlichkeiten sieht man einge-
legte Walnüsse, eingeweckte
Kirschen und verschiedene
Sorten von Kräuteressig.

Die kleinen Laternen mit
Teelichtern sehen auf die
Entfernung aus wie rote Äpfel.
Sie wurden aus leeren Toma-
tenmark-Dosen gebastelt. Den
Deckel der Blechdosen mit
dem Dosenöffner ganz heraus-
trennen und wegwerfen. Kurz
unter dem oberen Rand zwei
Löcher einstechen und einen
Draht zum Aufhängen hin-
durchziehen. Etwas weiter
unten noch ein Loch bohren
und mit einer kleinen, stabilen
Schere eine „Tür" einschneiden und mit einer Flachzange
aufrollen. (Vorsicht beim Aufrollen: die Dosen sind sehr
scharfkantig.)

Winter

Der Winter bringt uns Ruhe und Muße zur inneren Versenkung. Wir halten Winterschlaf.

Das Tageslicht ist dahingeschwunden und liegt tief über dem Land. Hier im Norden wird

das tägliche Leben vom Mangel an Licht geprägt – daher tun wir, was wir können, um

es uns hell zu machen. Der Winter ist die Zeit der Kerzen. Schon zu früher Mor-

genstunde wird in den meisten Häusern das erste Streichholz angezündet – und wenn

wir abends zu Bett gehen, pusten wir als Allerletztes vorsichtig die Kerzen aus. Auch

der festliche Adventsschmuck vermag die Dunkelheit eine Zeitlang zurückzudrängen,

doch von Januar an zählen wir freudig die Minuten, um die jeder Tag allmählich länger

wird – und freuen uns über jedes noch so kleine Zeichen, dass es Frühling wird.

Es ist charakteristisch für uns Skandinavier, viel Zeit und Aufmerksamkeit in die Ein-

richtung unseres Heimes zu investieren – wahrscheinlich mehr als im übrigen Europa –

da wir uns einen so großen Teil des Jahres drinnen aufhalten. Und es ist in der kalten,

dunklen Winterzeit, dass wir uns am meisten über ein gemütliches Zuhause freuen.

Dieses friedliche Universum, in dem eine vierköpfige Familie lebt, ist zu allen Jahreszeiten sehenswert, doch im Winterschnee kommt es erst richtig in all seiner grafischen Schönheit zu Geltung. Obwohl es bis zur nächsten größeren Stadt nicht weit ist, meint man, sich mitten im Wald zu befinden, so dicht stehen die Bäume auf dem Grundstück.

So ein Holzhaus hat seinen ganz besonderen Reiz. Das Blockhaus wurde in den 1920er-Jahren als Sommerhaus gebaut, doch im Laufe der Jahre vergrößerte es sich durch mehrere An- und Umbauten und bekam auch einen Stall dazu. Darin hat jetzt die Firma der Familie ihren Sitz. So hat man selbst an langen und arbeitsreichen Tagen den Trost, den Seinen nahe zu sein.

Die Islandponies, ein gemeinsames Hobby für die Großen und die Kleinen, sind sehr robust und können das ganze Jahr über draußen bleiben — sie brauchen nur einen überdachten Unterstand als Windschutz.

Das Skilaufen in den französischen Alpen ist ein anderer Sport, der in dieser Familie ganz groß geschrieben wird, und die jährlichen Reisen dorthin haben die Einrichtung des Hauses geprägt. Fast überall sind die schönen, soliden Balken, aus denen das Haus gebaut ist, auch innen zu sehen. Die hohen Räume mit den Sprossenfenstern und den imposanten Kaminen sorgen für eine ganz eigene, besondere Atmosphäre.

Der Einrichtungsstil gibt sich robust und dennoch raffiniert. Das Mobiliar ist in eher dunklen Holztönen gehalten, mit hellen Polstern und wohldurchdachten, rustikalen Details. Als Kontrastfarbe zum Holz und all den Creme- und Sandtönen entschied man sich für Blau.

In den verhältnismäßig dunklen Räumen einer Blockhütte ist es wichtig, soviel Licht wie möglich hereinzuholen — und so wurden große Oberlichter eingebaut. Die Gardinen sind aus feinen, hellen Stoffen, und fast alle Räume haben große Kronleuchter, die für eine sehr elegante Stimmung sorgen. In die meisten Verbindungstüren im Haus sind verglaste Sprossenfenster eingesetzt, damit das Licht sich frei im Haus verbreiten kann.

Das Blockhaus

Wie in einem Wintermärchen liegt das mit glitzern-

dem weißen Schnee bedeckte, schwarzgebeizte

Blockhaus inmitten von hohen, ausladenden Tannen.

Der schöne steinerne Kamin im Wohnzimmer ist am Tage in Kaskaden von hellem Licht getaucht, das aus den Oberlichtern direkt in die Stube fällt.

Die Sofas und Lehnstühle sind alle mit sehr hellem Stoff bezogen, und ihre massiven Proportionen harmonieren wunderbar mit den rustikalen Räumen. In allen Zimmern werden die Blicke von glitzernden Kronleuchtern in die Höhe gelenkt. Sie sind alle mit Dimmern ausgestattet, damit man nach Wunsch behagliches Dämmerlicht oder helle Arbeitsbeleuchtung schaffen kann – eine sehr intelligente Lösung. Die Familie hat sich eine ganze Reihe von wattierten Decken anfertigen lassen, mit denen man es sich auf den Sofas und Sesseln herrlich gemütlich machen kann. Die Decken sind auf einer Seite einfarbig und auf der anderen blauweiß gestreift.

In einer Ecke des Wohnzimmers steht eine Sitzgruppe direkt am Fenster, mit Blick auf die Terrasse und die hohen Tannen – ein Lieblingsplatz der Familie.

Tipp

Das Mobile aus einem Stück Treibholz mit Muschelschalen ist eine Bastelei der Kinder. Die Muscheln geben jedes Mal ein melodisches Klirren von sich, wenn die Tür geöffnet oder geschlossen wird, und erinnern an einen Sommertag am Strand.

Das Esszimmer ist ein Anbau, der mit dem Hauptgebäude durch eine verglaste Passage verbunden ist. Auch hier ist die Decke sehr hoch, was am Abend bei hellem Kerzenschein für eine geradezu andachtsvolle Stimmung sorgt.

Ein großer ovaler Tisch bildet den Mittelpunkt des Raumes.

Rundherum stehen antike Stühle mit abnehmbaren Sitzkissen aus Stoff. Der Fußboden ist mit weißen Keramikfliesen ausgelegt, und damit es im Zimmer nicht so hallt, liegt unter dem Essbereich ein Sisalteppich. Während die Decke im originalen Holzton belassen wurde, sind hier die Wände hell gestrichen.

Ein Ensemble in Cremetönen:
der Konsoltisch im Esszimmer
mit den langen, schmalen Kerzenhaltern und einem Stapel
gestärkter Tischtücher. Darüber
hängt ein ungerahmtes botanis-
ches Stillleben in Öl.

Unter dem Westfenster steht eine
Anrichte aus dunklem Holz. In
diesem Hause wird viel Sorgfalt
auf die Pflege schöner Dinge
verwendet - davon zeugen die
Silberbestecke in den Stoffetuis.
Prachtvoll mit seinen Kristallprismen und ziselierten Blumen
ist der elegante Votivleuchter aus
Frankreich.

Das kleine Arbeitszimmer liegt hinter Wohnzimmer und Küche. Hier hat man seine Ruhe und kann doch die Aktivitäten im Hause überblicken. Vom Fenster aus kann man den ehemaligen Stall sehen, der nun als Büro dient. Überall im Haus wird die Palette der natürlichen Holztöne von Möbeln, Decken und Wänden konsequent mit weißen Lampenschirmen und Gardinen kombiniert.

Haferflockenkonfekt

Alle Zutaten mischen. Zu Kugeln formen und in Kakao, Puderzucker, Kokosflocken, Schokoladen- bzw. Zuckerstreuseln wenden – fertig!

1 kg Haferflocken
½ kg Puderzucker
½ kg Pflanzenmargarine
200 g Kakao

Weit draußen auf dem Lande (aber nur 20 km von Kopenhagen entfernt) liegt der alte Hof aus dem Jahre 1870. Als Katja und Carsten ihn 1993 übernahmen, ging für sie ein Traum in Erfüllung, denn hier konnten sie mit Pferden und Hunden zusammenleben – eine große Leidenschaft der beiden. Haus, Garten, Hofplatz und Nebengebäude befanden sich in so stark vernachlässigtem Zustand, dass ihnen nichts anderes übrigblieb, als das gesamte Innenleben des Hauptgebäudes von oben bis unten zu renovieren. Nach einem Jahr harter Arbeit war das Erdgeschoss fertiggestellt, und man konnte mit dem ersten Stockwerk anfangen. Ein sicherer Geschmack und ein starker Wille kennzeichnete Katjas Herangehensweise an dieses große Projekt, und der homogene Gesamteindruck, feminin und poetisch zugleich, ist in hohem Maße ihr zu verdanken.

Die natürlichen Strukturen und Oberflächen von Wänden, Decken, Fußböden und Möbeln wurden bewußt in die Komposition mit einbezogen, und so manchem Stück ließ man eine Nachbehandlung angedeihen, um die rechte Patina zu entwickeln. So wurde der neue Fußboden aus Lärchenholz unter anderem mit verschiedenen Laugen behandelt, und Möbelstücke aus unbehandeltem Holz wurden mit Meerschaum gescheuert, damit sie ein gekalktes Aussehen bekamen.

Katja ist eine leidenschaftliche Sammlerin, und auf ihren Reisen durch ganz Europa hat sie viele schöne alte Dinge mitgebracht. Damit arrangiert sie im ganzen Haus hübsche Stillleben, und überall gehören Kerzen, Madonnenskulpturen und Blumen dazu. Katja ist überzeugte Romantikerin – und das erklärt die feierliche, fast sakrale Stimmung, die einen überkommt, sobald man dieses Haus betritt.

Poetischer Advent

Ein behutsam renovierter Landhof ist der Rahmen

für eine originelle Einrichtung, in der Kerzen und

religiöse Symbole die Adventszeit einläuten.

Der alte Schrank wurde gründlich abgeschliffen und innen und außen mit grauer Ölfarbe gestrichen. Die Türen stehen immer offen, damit sein Inventar von Glas, Porzellan und Keramik in weißen und cremefarbenen Tönen schön zur Geltung kommt.

Milchreis mit Kirschen und Mandeln ist eine winterliche Lieblingsspeise in Dänemark. In diesem Rezept kommt die energiesparende, altbewährte „Kochkiste" wieder zu Ehren, in dem der Reis unter der Bettdecke weichgedämpft wird.

Milchreis

Den Reis in leicht gesalzenem Wasser in einem Topf mit starkem Boden aufkochen und 15 Minuten köcheln lassen. Milch zugeben und unter Rühren erneut aufkochen lassen. Vom Herd nehmen und den Deckel auflegen.

Den Topf sofort in einen Pappkarton stellen, mit Geschirrhandtüchern abdecken und das Ganze unter eine Bettdecke legen: der Milchreis wird in ein paar Stunden fertig sein (und das Bett ist auch schön warm).

300 ml Wasser

200 g Milchreis (gerne Naturreis)

1 ¼ l Milch

1 Prise Salz

(Ergibt 4 Portionen)

Überall im Haus dienen Tische und andere horizontale Ebenen als Ausstellungsfläche für Katjas dekorative Arrangements. Der Tisch ist mit einem Leintuch bedeckt, und auf dem großen antiken Tablett stapelt sich Glas und Porzellan. Kerzenleuchter und Madonna im Hintergrund stammen aus einer Kirche. Und natürlich dürfen in diesem Haus auf keinem Tisch Kerzen und Blumen fehlen.

Teller, Tassen, Kaffeekannen – das ganze antike Service wird hier täglich benutzt. Der Tisch ist mit einem ganzen Sammelsurium von Servicen, silbernen Gabeln und Messer mit Horngriffen gedeckt. Kleine Kreuze aus Flußperlen schmücken die Trinkgläser. Das Geschirr ist in allen möglichen Farbnuancen von Weiß über Creme- bis Mokkafarben.

Das nach Norden ausgerichtete Esszimmer wirkt selbst im winterlichen Licht luftig und hell. Die Fenster haben keine Gardinen, damit das Tageslicht frei in den Raum fallen kann. Einen interessanten Kontrast zu den kompakten Linien des alten Esstisches bildet das hauchzarte, durchsichtige Tischtuch. Rund herum stehen antike dänische Gartenstühle.

 Ein Durchgangszimmer im ersten
Stock dient als „Wäscheraum."
Hier ist genug Platz zum Bügeln,
Wäsche sortieren und zusam-
menlegen. Bettwäsche und Tex-
tilien machen sich sehr dekorativ
in dem großen Wäscheschrank.

Wer hier zu Besuch kommt, wird
sich in diesem Gästezimmer
sicher wohl fühlen! Das Bett mit
dem hohen Bettkopf ist ein
Erbstück – Katjas Urgroßmutter
bekam es als Hochzeitsgeschenk
von ihrem Bräutigam. Das Bett
befindet sich noch im Original-
zustand und ist stets mit feinster
dänischer Leinenbettwäsche
bezogen, die ewig hält – und in
der es sich einfach herrlich
schläft.

Tipp

Hyazinthen gehören einfach
zum Winter dazu. Hier sind
die wunderbar duftenden
Blumen Teil einer einfachen
und schönen Dezember-Deko-
ration. In einem großen
alten, sandgefüllten Blumen-
topf wurden abwechselnd
Hyazinthenzwiebeln und
dünne französische Wachs-
kerzen gesteckt.

Die alte Holztür befand sich ursprünglich in einem anderen Teil des Hauses, doch sie passte so gut zum Stil des renovierten Dachbodens, dass sie hierher verlegt wurde. Auf dem Tischchen stehen ein paar Kerzenleuchter aus Bauernsilber – eines der unzähligen Objekte von Katjas Sammlerleidenschaft.

Der riesige, an die Wand des Schlafzimmers gelehnte Spiegel macht den Raum gleich doppelt so groß. Auch die brennenden Kerzen werden auf fast verwirrende Weise vervielfacht. Beim Umbau wurde oben in die Wand eine Nische für die Lieblingsmadonna eingelassen.

Katja hatte einen großen Anteil an der Renovierung des Anwesens. Sie behielt dabei stets das gewünschte Endresultat vor Augen und musste oft zu Papier und Bleistift greifen, um anderen ihre Vorstellungen zu verdeutlichen. Es wurde besonderer Wert darauf gelegt, dass sich die Umbauten an die alten landesüblichen Handwerkstraditionen anpassten – und dabei war zuweilen Überredungs-

kunst und beträchtliches Umdenken nötig. Doch mit gemeinsamem Einsatz gelang das Vorhaben schließlich. Das schöne Schlafzimmer im ersten Stock ist ein gelungenes Ergebnis von Katjas Ideenreichtum und professioneller Handwerkskunst.
Überall im Haus wurde für die Fußböden Lärchenholz verwendet, doch in diesem Zimmer wurden damit auch Decken und Wände

verschalt – eine Sisyphusaufgabe für die Zimmerleute. Hinterher wurde alles mit weißer Holzlasur behandelt. In Dänemark gibt es nur ein einziges Sägewerk, das Lärchenholz bearbeitet.
Die Balkontüren mit den diagonalen Sprossen hat Katja selbst entworfen, doch leider konnten sie nicht, wie geplant, mit Thermopanescheiben verglast werden, denn die schmalen Sprossen wa-

ren nicht stark genug für das dicke Glas. Als Kompromisslösung entschied man sich für eine doppelte Schicht normalverglaster Fenster, um den eleganten Eindruck zu bewahren.
Das schöne Eisenbett war einmal grün, doch nachdem die alte Fabe einmal abgeschliffen war, glänzt es nun in einem neuen Anstrich in blitzendem Weiß.

Die ersten Skizzen für das Haus wurden in Italien angefertigt. Zwischen 1913 und 1927 malte und zeichnete der Künstler auf seinen Reisen und Auslandsaufenthalten die schönsten Räume, die er sah. Seine Eindrücke inspirierten ihn zu dem Haus, das er selbst später baute.

Viele Jahre lang bestand das Haus nur aus zwei riesigen Ateliers - dem des Bildhauers selbst und dem Maleratelier seiner Frau Elisabeth Bergstrand Poulsen. In Etappen wurde das Haus schließlich zu einer geräumigen Wohnstatt für das Ehepaar und dessen Söhne ausgebaut. Abgesehen von den Maurerarbeiten, bei denen er sich helfen ließ, fertigte der Künstler alle Treppen, Fenster, Türen, Fußböden und Decken selber an. Außerdem schmückte er sein Haus überall mit Skulpturen aus Eiche und Kalkstein.

Heute sind die drei Etagen des Hauses in drei Wohnungen unterteilt. Pernille und Klaus mit ihren drei Kindern wohnen im 140 Quadratmeter großen ersten Stock. Das ehemalige Atelier dient der Familie nun als Gemeinschaftsraum. Seine hohe Decke mit den attraktiven Deckenbalken, die rauen Wände und das riesige Atelierfenster schaffen eine offene, dramatische Stimmung, die mit dem Einrichtunggstil der Familie wunderbar zusammenpasst: sie lieben es einfach, schlicht und voller schöner alter Dinge.

Pernille kauft alte Einrichtungen und Antiquitäten auf, setzt sie liebevoll wieder in Stand und verkauft sie in ihrem eigenen Geschäft. Dort sind auch ihre eigenen Kreationen zu finden: zierliche, wunderhübsche Gebilde, aus Stahldraht gebogen und mit Kristallprismen, Perlen und Pailletten verziert.

In der Adventszeit herrscht in dem alten Atelier eine besonders feierliche Atmosphäre: der Tisch wird jeden Tag festlich gedeckt, im Kamin prasselt ein Feuer und die Schatten von vielen flackernden Kerzen verbreiten ihre ganz eigene Magie über dem großen Raum mit seinen Skulpturen, die schon für sich allein die Geschichte vom Leben eines großen Malers zu erzählen wissen.

Winterlicht

Nördlich von Kopenhagen liegt ein ganz besonderes Haus. Hier

haben der Bildhauer R. Axel Poulsen und seine schwedische

Ehefrau den größten Teil ihres Lebens gewohnt und gearbeitet.

Der Adventskranz besteht aus einem Ring aus festem Stahldraht, der mit Silberlametta umwickelt wurde. Dann wurden daran vier alte Kerzenhalter und ein paar rote Christbaumkugeln befestigt und das Ganze mit weißen, paillettenbeklebtem Schmuckband unter die Decke gehängt.

Einmal hatte Pernille das Glück, ein 80teiliges Wedgwood-Porzellanservice zu finden. Auf dem festlich gedeckten Tisch wird dies gern mit Schalen und kleinen Tellern von anderen Servicen kombiniert. Schön dazu sind orientalische Teegläser mit Goldmotiven. Einfach und wirkungsvoll ist die Tischdekoration aus lose verstreuten Kristallprismen und Glasperlen. An jedem Teller klemmt ein traditioneller Christbaumschmuck in Form eines gläsernen Vogels.

Das ehemalige Atelier ist das Herz der Wohnung, in dem sich Küche, Essbereich und Wohnzimmer vereinen. Durch die nach Westen orientierten Fenster strömt stets reichlich Tageslicht hinein. Tochter Frederike spielt die Weihnachtsfee neben dem stimmungsvoll gedeckten Tisch.

In diesem Hause hat man das traditionelle Arrangement mit einer Anrichte neben dem Ess-tisch beibehalten. Darauf steht das schöne Essgeschirr in Reih und Glied, anstatt im Geschirr-schrank versteckt zu werden. Die schönen alten Kerzenleuchter aus Bauernsilber sind der ganze Stolz der Familie. Sie bestehen aus mundgeblasenem Glas, das innen mit einem Quecksilber-amalgam beschichtet ist — ursprünglich war dies als ersch-wingliche Alternative zu echtem Silber gedacht. Heute sind Vasen, Becher und Kerzenhalter aus „Bauernsilber" kostbare Sammlerstücke. Man muss jedoch sehr aufpassen, dass die Kerzen auf den Leuchtern nicht ganz herunterbrennen, da das Glas durch die Hitzeeinwirkung leicht zerspringt.

Pernilles zierliche Stahldrahtgebilde, cie überall im Haus verteilt hängen, haben etwas Feenhaftes an sich. Die Kunst besteht darin, sie so leicht wie möglich zu machen und dann frei nach Fantasie mit Prismen, Perlen und Pailletten zu verzieren. Kristallprismen haben die schöne Eigenschaft, ganze Galaxien von Regenbogenreflexen im Raum zu verteilen, sowie die Sonne darauf scheint.

Vor dem Atelierfenster sieht man die solide Balkenkonstruktion der Pergola auf der Terrasse.

Als Spülstein in der Küche dient ein gediegenes altes Waschbecken mit Holzkante von der Art, wie es früher in allen Schulen und öffentlichen Gebäuden zu finden war.

Weihnachtskuchen

Butter und Zucker glattrühren und nacheinander die Eier einrühren. Sirup zugeben, dann Mehl und Gewürze unterrühren. Den Saft aus dem Glas Kirschen oder 100 ml Flüssigkeit von den gewässerten Aprikosen in den Teig geben und die Früchte abtropfen lassen. Die Mandeln mit kochendem Wasser übergießen, schälen und grob hacken. Kirschen/Aprikosen, Orangeade, Rosinen und Mandeln mit 2 Esslöffeln Mehl in eine Schüssel geben und gut darin wenden. Die Mischung in den Teig geben.

Den Teig in eine gefettete Springform füllen und bei 180°C ca. 1 Stunde backen. Dann den Ofen auf 160°C herunterschalten und den Kuchen fertig backen (höchstens 2 ½ Stunden). Aus der Form nehmen und mehrmals mit einer Gabel einstechen, dann den Rum darübergießen. Eine Nacht einziehen lassen. Das Marzipan zu einer dünnen Platte ausrollen, über den Kuchen legen und rundherum andrücken, bis der Kuchen gleichmäßig damit bedeckt ist. Für die Glasur das Eiweiß beinahe steif schlagen, das Glycerin zugeben und den Kuchen damit dünn überziehen. Ein paar Rosenknospen, evtl. die letzten aus dem Garten, ein paar Stunden in das Gefrierfach legen, bis sie mit einer Reifschicht bedeckt sind, und unmittelbar vor dem Servieren den Kuchen damit verzieren.

250 g Butter

250 g Rohrzucker

4 Eier

250 g Mehl

½ Tl zerstoßene Gewürznelken

1 Tl zerstoßenen Zimt

½ Tl zerstoßenen Ingwer

½ Tl zerstoßenen Muskat

1 Glas eingemachte Kirschen (Alternativ: 100 g getrocknete, gewässerte Aprikosen, in kleine Stücke geschnitten, plus 100 ml Flüssigkeit)

50 g Mandeln

50 g Orangeade

120 g Rosinen

2 El Sirup

100 ml Rum

200 g Marzipan

300 g Puderzucker

½ Tl Glycerin

Dekorationsmaterial

(Ergibt 12-16 Stücke)

Danksagung

Es ist schön, sich anderen zu Dank verpflichtet zu fühlen – denn keine Idee kann ohne das Vertrauen, die Unterstützung und die Hilfe von anderen verwirklicht werden.

Es sind viele, die auf die eine oder andere Weise zu diesem Buch beigetragen haben. Angefangen von ein paar aufmunternden Worten über gute Ratschläge bis hin zu nützlichen Hinweisen. Alles war ein willkommenes Geschenk und hat die Arbeit an NORDLICHT zu einem spannenden Projekt gemacht.

Ein besonderer Dank gilt:

Den Familien, die uns die Türen zu ihrem Zuhause geöffnet haben. Überall wurde uns mit fantastischer Gastfreundschaft, Zutrauen und Begeisterung für unser Projekt begegnet. Es hat uns viel Spaß gemacht, eine Weile am Leben all dieser Menschen teilzuhaben.

Dem Verlagsleiter Lars Strandberg vom Søren Fogtdal Verlag, der von Anfang an mit vollem Herzen an unsere Idee geglaubt hat und uns half, sie in dieses Buch umzusetzen – und der Redakteurin Vibeke Warthoe für ihren souveränen Überblick und die vielen wertvollen Ratschläge.

Mette Funck und Kristine Lindbjerg für die grafische Ausführung und das Verständnis für unsere Bildauffassung. Familie und Freunden für Vertrauen, Geduld und Einfühlungsvermögen – und für die Begeisterung, mit der kleine und große Fortschritte unseres Projektes begrüßt wurden.

Dorrit Elmquist

Birgitta Wolfgang

Notizen

Notizen

Notizen

Notizen

Verzeichnis der Rezepte